U0165688

中國文化史

王仲孚、秦照芬、陳文豪、陳惜珍、陳淑芬　編著

五南圖書出版有限公司

編輯大意

一、本書依照教育部公布之《中國文化史課程標準大綱》編輯而成，適合專科、大學用作歷史教學教材。

二、本書課文共分四章十六節，適合一學期十八周教學之用，各章節課文分量，力求均衡，以便把握教學時間與進度。課文之前列有「提要」，條舉課文中之重點，以利教學之進行。

三、本書取材兼採新舊史料及已得學界共識之現代學者研究成果，務求內容平實，條理清晰，行文淺易，避免雜蕪艱澀，標新立異。

四、本書為配合教學需要，編印力求精美，課文中附有適當圖表或參考資料，以提高學生學習興趣與理解能力。

五、本書每節之後附有註釋，註明重要資料出處或作簡要解釋，供教學參考。

六、本書每節之後附有「研究與討論」若干，供學生複習課文，增進理解。教師亦可參照學生能力或興趣，以及實際教學之需要，自行斟酌增減或更換。

七、本書所用年代採中國歷代紀元，並附西元。晚清與民國時代所採西元年代後之月日，皆為陽曆。

八、本書第一章第一二三節由王仲孚編寫，第二章第一二三節由陳文豪編寫，第三章第一二三節由秦照芬編寫，第四章第一三四節由陳淑芬編寫，第二章第四節、第三章第四節、第四章第二節由陳惜珍編寫，最後一節則由五人共同執筆。

九、本書如有未盡妥之處，請各校教師隨時提供意見，以作修訂時之參考。

目錄

第一章　從遠古到秦漢文化的演進

第一節　中國古代文化的起源與族群融合

　　⋯⋯⋯⋯⋯⋯⋯⋯⋯⋯⋯⋯ 14

第二節　古代國家的起源與社會的變遷　26

第三節　學術思想 ⋯⋯⋯⋯⋯⋯⋯⋯ 37

第二章　魏晉隋唐時代文化的發展

第一節　中古門第社會 ⋯⋯⋯⋯⋯⋯ 52

第二節　民族融合與文化交流 ⋯⋯⋯⋯ 62

第三節　宗教信仰與社會文化 ⋯⋯⋯⋯ 72

第四節　文學與藝術 ⋯⋯⋯⋯⋯⋯⋯ 82

第三章　宋元明清時代文化的成就

第一節　社會經濟的新發展 ⋯⋯⋯⋯ 101

第二節　科學與技術的發展 ⋯⋯⋯⋯ 110

第三節　學術思想的演變 ⋯⋯⋯⋯⋯ 119

第四節　民間文化 ⋯⋯⋯⋯⋯⋯⋯ 129

第四章　近代中國文化的變遷

第一節　中西文明的交會 ⋯⋯⋯⋯⋯ 146

第二節　社會變遷 ⋯⋯⋯⋯⋯⋯⋯ 156

第三節　新文化運動的產生與發展 ⋯⋯ 165

第四節　現代中國的政治發展 ⋯⋯⋯ 177

第五節　臺灣經驗與中國文化的展望 ⋯ 189

圖目錄

圖1-1-1　(1)山頂洞人男性頭骨模型及復原像；(2)山頂洞人的骨針，及穿孔石珠與貝飾 ………… 15

圖1-1-2　河姆渡陶器上的豬紋 ………… 15

圖1-1-3　中國新石器時代重要遺址分布圖 ………… 16

圖1-1-4　夯土（夯土是一種質地堅密，用器械壓打成的硬土。新石器時代至殷商時，建築物普遍採用。）‥ 17

圖1-1-5　西安半坡陶文 ………… 17

圖1-1-6　新石器時代半穴居建築及干欄式建築圖 ………… 18

圖1-1-7　魚字的演化（引自董作賓論文） ………… 19

圖1-1-8　殷代裝飾藝術（饕餮ㄊㄠ ㄊㄧㄝˋ文亦稱獸面文） ……… 19

圖1-1-9　中國古代部族三大集團分布簡圖（引自徐旭生《中國古代的傳說時代》） ………… 20

圖1-1-10　盤古氏想像圖（引自《三才圖繪》） ………… 23

圖1-1-11　武梁祠石刻神農氏像（手執耒耜） ………… 23

圖1-1-12　武梁祠石刻黃帝像 ………… 24

圖1-2-1　武梁祠石刻大禹像 ………… 28

圖1-2-2　二里頭宮殿復原圖 ………… 28

圖1-2-3　二里頭遺址出土之青銅爵 ……… 28

圖1-2-4　武梁祠石刻夏桀像（騎在人民的背上）……………29

圖1-2-5　西周分封諸侯圖………………………30

圖1-2-6　西周宗法系統簡圖……………………32

圖1-2-7　秦始皇帝像……………………………35

圖1-3-1　玄鳥帝女（婦）………………………38

圖1-3-2　(1)商代的青銅器（司毋戊大鼎：呈方形四足，高133
　　　　　公分，橫長110公分，寬78公分，重875公斤）；

　　　　　(2)殷代宮室復原圖（根據石璋如院士之研究）；

　　　　　(3)殷車復原圖（參考石璋如院士〈殷代車的研究〉一

　　　　　文）……………………………………39

圖1-3-3　(1)甲骨文字；(2)商代玉雕…………39

圖1-3-4　周公像…………………………………40

圖1-3-5　秦代的簡牘……………………………42

圖1-3-6　抱持簡牘的古代學者…………………42

圖1-3-8　亞聖廟（位於今山東省鄒縣）………45

圖1-3-7　孔子行教圖……………………………44

圖1-3-9　漢代講經圖……………………………48

圖1-3-10 司馬遷像………………………………49

圖2-1-1　九品示意圖……………………………54

圖2-1-2　魏晉南北朝的莊園生活………………57

圖2-1-3　⑴《周易》、⑵《老子》、⑶《莊子》書影…………58

圖2-1-4　竹林七賢畫像磚（由左而右，第一排人物為嵇康、
　　　　　阮籍、山濤、王戎；第二排是榮啓期（春秋時代隱
　　　　　士）、阮咸、劉伶、向秀）……………59

圖2-1-5　肩輿（即轎子，在中坐椅上下及四周增加覆蓋遮蔽
　　　　　物，其狀有如車廂（輿），並加種種裝飾，乘坐舒

　　　　適）………………………………………………………… 60

圖2-2-1　漢代河西長城遺跡 ……………………………………… 63

圖2-2-2　玉門關附近的漢烽燧遺跡 ……………………………… 65

圖2-2-3　陽關附近的漢烽燧遺跡 ………………………………… 65

圖2-2-4　漢代西域圖 ……………………………………………… 66

圖2-2-5　漢代宴饗時的樂舞 ……………………………………… 67

圖2-2-6　唐墓壁畫中的打馬球圖 ………………………………… 69

圖2-2-7　漢委奴國王印（爲東漢光武帝所賜，1784年在日本福
　　　　岡市附近被農民意外發現）………………………………… 70

圖2-3-1　符籙木牘圖 ……………………………………………… 74

圖2-3-2　解注瓶 …………………………………………………… 75

圖2-3-3　葛洪像 …………………………………………………… 75

圖2-3-4　陶弘景像 ………………………………………………… 76

圖2-3-5　洛陽白馬寺現址 ………………………………………… 78

圖2-3-6　玄奘像 …………………………………………………… 79

圖2-3-7　鑑眞和尙像（鑑眞曾帶領弟子東渡日本弘法，日人尊
　　　　其爲「過海大師」）………………………………………… 79

圖2-4-1　「詩仙」李白畫像 ……………………………………… 88

圖2-4-2　王羲之〈蘭亭序〉 ……………………………………… 93

圖2-4-3　柳公權像與〈玄祕塔碑〉 ……………………………… 94

圖2-4-4　懷素的草書─自敘貼 …………………………………… 94

圖2-4-5　敦煌莫高窟 ……………………………………………… 96

圖2-4-6　雲岡石窟第二十窟主佛及東立佛 ……………………… 97

圖2-4-7　龍門石窟奉先寺盧舍那佛 ……………………………… 98

圖3-1-1　清《姑蘇繁華圖》（局部）：本圖可見江南水路航運業
　　　　的繁榮 …………………………………………………… 105

圖3-1-2　宋代飲食市場圖 ························· 105

圖3-2-1　活字印刷的工序 ························· 111

圖3-2-2　轉輪排字盤 ··························· 111

圖3-2-3　王禎木活字印刷程序的想像圖 ··········· 111

圖3-2-4　《古今圖書集成》書影（清雍正四年（1726）內務
府銅活字印本） ····················· 112

圖3-2-5　水運儀象臺 ··························· 112

圖3-2-6　徐光啓與利瑪竇談道圖 ················· 115

圖3-2-7　海船圖 ····························· 116

圖3-2-8　明代龍江船廠圖 ······················ 117

圖3-2-9　過洋牽星圖 ··························· 118

圖3-3-1　周敦頤像 ···························· 120

圖3-3-2　程頤像 ····························· 121

圖3-3-3　程顥像 ····························· 121

圖3-3-4　張載像 ····························· 121

圖3-3-5　朱熹像 ····························· 122

圖3-3-6　陸九淵像 ···························· 122

圖3-3-7　王守仁畫像 ··························· 123

圖3-3-8　嶽麓書院 ···························· 124

圖3-3-9　魏源像 ····························· 127

圖3-3-10　曾國藩像 ··························· 127

圖3-4-1　《西廂記》插圖 ······················ 130

圖3-4-2　宋代汴京城內的說話人 ················· 133

圖3-4-3　《金瓶梅》插圖及書頁 ················· 136

圖3-4-4　《紅樓夢》插圖 ······················ 137

圖3-4-5　烏紗帽 ····························· 138

圖3-4-6　宋代婦女的高髻　⋯⋯⋯⋯⋯⋯⋯⋯⋯⋯⋯⋯⋯⋯　138

圖3-4-7　典型的北方四合院　⋯⋯⋯⋯⋯⋯⋯⋯⋯⋯⋯⋯⋯　139

圖3-4-8　《春牛圖》（上面刻有十二個月、二十四個節氣，

　　　　　下面是春牛和芒神，這是昔日農耕的重要時刻表）

　　　　　⋯⋯⋯⋯⋯⋯⋯⋯⋯⋯⋯⋯⋯⋯⋯⋯⋯⋯⋯⋯⋯⋯　139

圖3-4-9　明代《奕譜插圖》版畫　⋯⋯⋯⋯⋯⋯⋯⋯⋯⋯⋯　140

圖3-4-10　民間祕密宗教的符文符書　⋯⋯⋯⋯⋯⋯⋯⋯⋯⋯　142

圖4-1-1　湯若望像　⋯⋯⋯⋯⋯⋯⋯⋯⋯⋯⋯⋯⋯⋯⋯⋯⋯　147

圖4-1-2　遠鏡說　⋯⋯⋯⋯⋯⋯⋯⋯⋯⋯⋯⋯⋯⋯⋯⋯⋯⋯　147

圖4-1-3　十八世紀洋人眼中的中國　⋯⋯⋯⋯⋯⋯⋯⋯⋯⋯　149

圖4-1-4　日艦攔擊高陞輪　⋯⋯⋯⋯⋯⋯⋯⋯⋯⋯⋯⋯⋯⋯　151

圖4-1-5　詹天佑像　⋯⋯⋯⋯⋯⋯⋯⋯⋯⋯⋯⋯⋯⋯⋯⋯⋯　152

圖4-1-6　張謇像　⋯⋯⋯⋯⋯⋯⋯⋯⋯⋯⋯⋯⋯⋯⋯⋯⋯⋯　154

圖4-1-7　清朝阻壓立憲輿論漫畫　⋯⋯⋯⋯⋯⋯⋯⋯⋯⋯⋯　155

圖4-2-1　漢口市區一景　⋯⋯⋯⋯⋯⋯⋯⋯⋯⋯⋯⋯⋯⋯⋯　158

圖4-2-2　上海繁華街道──南京路　⋯⋯⋯⋯⋯⋯⋯⋯⋯⋯　158

圖4-2-3　民初西服、旗袍裝扮　⋯⋯⋯⋯⋯⋯⋯⋯⋯⋯⋯⋯　161

圖4-2-4　清末民初纏足之婦女　⋯⋯⋯⋯⋯⋯⋯⋯⋯⋯⋯⋯　163

圖4-3-1　清末北京某小學　⋯⋯⋯⋯⋯⋯⋯⋯⋯⋯⋯⋯⋯⋯　166

圖4-3-2　五四時期的蔡元培　⋯⋯⋯⋯⋯⋯⋯⋯⋯⋯⋯⋯⋯　167

圖4-3-3　《新潮》、《新青年》　⋯⋯⋯⋯⋯⋯⋯⋯⋯⋯⋯　168

圖4-3-4　(1)魯迅像，(2)豐子愷漫畫中的阿Q　⋯⋯⋯⋯⋯　171

圖4-3-5　山東密約之復函　⋯⋯⋯⋯⋯⋯⋯⋯⋯⋯⋯⋯⋯⋯　174

圖4-3-6　五四運動遊行前開會圖　⋯⋯⋯⋯⋯⋯⋯⋯⋯⋯⋯　174

圖4-4-1　(1)孫中山手書「同盟會誓詞」，(2)首創三民主義的

　　　　　孫中山先生　⋯⋯⋯⋯⋯⋯⋯⋯⋯⋯⋯⋯⋯⋯⋯⋯　179

圖4-4-2　　川漢鐵路總公司股息憑摺　　⋯⋯⋯⋯⋯⋯⋯⋯　179

圖4-4-3　　臺灣土地改革　　⋯⋯⋯⋯⋯⋯⋯⋯⋯⋯⋯⋯　182

圖4-4-4　　(1)李大釗、(2)陳獨秀像　　⋯⋯⋯⋯⋯⋯⋯⋯　185

圖4-5-1　　澎湖宋代建築遺址　　⋯⋯⋯⋯⋯⋯⋯⋯⋯⋯　191

圖4-5-2　　沈有容諭退紅毛番韋麻郎碑　　⋯⋯⋯⋯⋯⋯　192

圖4-5-3　　清代臺灣賣地契約　　⋯⋯⋯⋯⋯⋯⋯⋯⋯⋯　194

圖4-5-4　　臺灣光復後食衣住行進步情形　　⋯⋯⋯⋯⋯　197

第一章　從遠古到秦漢文化的演進

第一節　中國古代文化的起源與族群融合

　　中國古代文化在新石器時代的農業村落時期即已開始，除了獨立發展而成的農業和文字外，蠶絲、骨卜、殷代的裝飾藝術，也都是中國古代文化起源於本土的證據。

　　遠古時代，部族的分布主要有三大集團，包括華夏集團、東夷集團和苗蠻集團。通過婚姻和兼併戰爭，族群不斷融和，到了春秋時代，華夏民族已成爲當時歷史舞臺的主角。秦漢以後，中原民族和邊族經過長期融合的結果，已不斷繁榮壯大。

　　在中國歷史早期發展的過程中，留下許多神話和傳說，爲了解遠古時代文化提供了探索的資料。

一、中國古代文化的起源

　　人類在歷史演進的過程中，遠在舊石器時代初期，已經和其他動物有了顯著的分野。例如在體質方面腦容量較大，兩腿可以直立，能運用雙手製作工具；在生活方面可以用火和熟食，並經營狩獵的生活，著名的北京人、藍田人、元謀人都是重要的例子。到了舊石器晚期，根據考古發現的骨針和穿孔的石珠、貝殼等，可知已有縫紉的能力和裝飾的習慣，這可以山頂洞人作爲代表（圖1-1-1）。

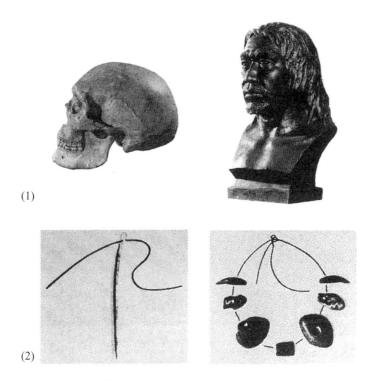

(1)

(2)

圖1-1-1　(1)山頂洞人男性頭骨模型及復原像；
　　　　　(2)山頂洞人的骨針，及穿孔石珠與貝飾

經過了數十萬年的漫長歲月，人類從舊石器時代進入新石器時代，這時已知栽培農作物，並且會飼養家畜，以狗和豬最普遍（圖1-1-2），因此一部分人從事糧食生產，其餘的勞力可以做專精的工作，因而產生分工，生活

圖1-1-2　河姆渡陶器上的豬紋

方式和社會結構也隨之發生劇烈的變動，考古學家稱之為「新石器革命」（Neolithic Revolution）。

新石器革命使人類的生活出現嶄新的面貌，石器的製作已由打製進步到磨製，更發明了製陶的技術；農業方面，種植的農作物有粟、水稻及蔬菜，並且飼養家畜；住的方面已能建築房屋，形成村落，並有一定的布局。總之，舊石器時代屬於「採食經濟」階段，新石器時代則進入「產食經濟」的階段，經營農業村落的生活。

中國新石器時代文化遺址，發現極多，分布很廣，著名的遺址在黃河流域有馬家窯文化、西安半坡文化、河北磁山文化、河南新鄭裴李崗文化、山東龍山文化、大汶口文化；長江流域則有分布於三峽到漢水間的大溪文化、湖北的屈家嶺文化、浙江的馬家浜（音ㄅㄤ）文化和河姆渡文化；遼河流域則有紅山文化等（圖1-1-3）。

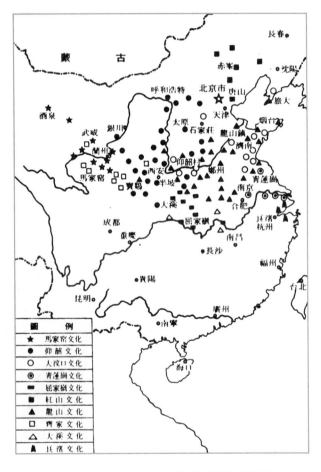

圖1-1-3　中國新石器時代重要遺址分布圖

　　新石器時代文化遺址出土各種形式的陶器、農作物、夯土建築（圖1-1-4）、史前陶文（圖1-1-5）、祭壇等，爲探索中國文化的起源提供了有力的線索。由於中國幅員廣大，各地新石器時代文化雖然具備大致相同的水準，但文化的面貌也有其差異性。例如，農作物方面，黃河流域則以旱地耕作的粟（小米）爲主，住屋則多爲半穴居的建築；長江流域農作物則以水稻爲主，住屋則爲干欄式建築（圖1-1-6）。至於各地區的陶器更有許多不同的「類型」。因此，中國文化的起源也就呈現了「多元性」。

圖1-1-4　夯土（夯土是一種質地堅密，用器械壓打成的硬土。新石器時代至殷商時，建築物普遍採用。）

圖1-1-5　西安半坡陶文

半穴居建築剖面圖
（採自楊鴻勳《建築考古學論文集》）

河姆渡干欄式建築復原圖
1.印有木痕的「凸」形硬土塊
2.河姆渡干欄長屋復原側立面
3.底置木墊板的方柱
（採自林華東《河姆渡文化初探》）

圖1-1-6　新石器時代半穴居建築及干欄式建築圖

　　中國文化起源於中國本土，並非從外地傳播或移植而來，已是公認的事實。自本土獨立發展而成的農業和文字，是中國文化起源的兩大支柱。

　　其中，文字是從古代的圖畫、符號演化而來，即今日的「漢字」，俗稱「方塊字」（圖1-1-7），它在中國文化發展的過程中，扮演了重要的角色，貢獻至大。

此外，蠶絲、骨卜和殷代的裝飾藝術（圖1-1-8），也都是古代文化起源於中國本土的重要證據，蠶絲代表物質生活，骨卜代表精神生活，裝飾藝術則代表藝術生活，它們代表一個整體的文化，未受外來因素的影響。[1]

二、族群的分布與融合

中國遠古時代，各地原是部落林立局面，根據古史傳說和考古遺址推測，當時的族群分布主要有三個集團，分別是：[2]

（一）華夏集團：包含兩大亞族，一是炎帝、一是黃帝。他們最早發祥在今陝西省的黃土高原上，沿著黃河兩岸發展，逐漸散布於中國北部及中部的一部分地方。炎、黃二氏族的興起、遷徙與活動地區，與新石器文化分布的地區對照，大體與陝西、河

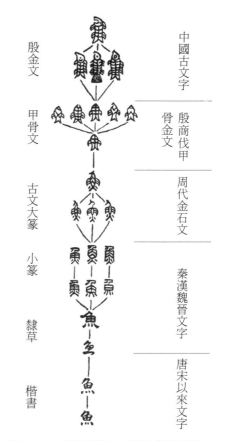

圖1-1-7　魚字的演化（引自董作賓論文）

圖1-1-8　殷代裝飾藝術（饕餮ㄊㄠ ㄊㄧㄝˋ、文亦稱獸面文）

1　李濟，〈中國上古史的重建及其問題〉，《民主評論》，五卷十期。
2　徐旭生，《中國古史的傳說時代》，北京科學出版社。

南的仰韶文化及河南龍山文化分布的區域相符。

（二）東夷集團：這一集團活動的地區，以今山東省的泰山為中心，西至河南省東部，南至安徽的中部，東至海。著名的氏族領袖有太昊氏、少昊氏、蚩尤。東夷集團的活動區域，大體上與山東大汶口文化、山東龍山文化所分布的區域相符。

（三）苗蠻集團：這一集團主要分布在今湖北省、湖南省和江西省的一部分，古書稱他們為三苗氏或苗民，著名的人物有祝融。苗蠻集團北鄰華夏集團，東北鄰東夷集團，其活動的地區和新石器時代長江中游的大溪文化、屈家嶺文化分布的範圍相符（圖1-1-9）。

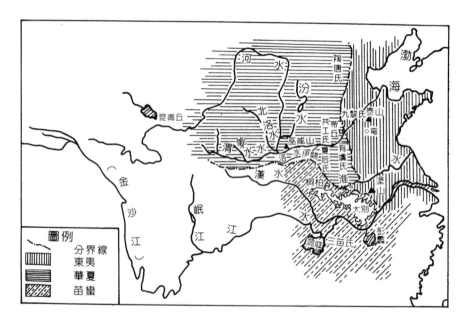

圖1-1-9　中國古代部族三大集團分布簡圖（引自徐旭生《中國古代的傳說時代》）

古代族群由於互相接觸，不斷進行融合，融合的過程有通婚、戰爭兼併、文化交流等各種方式。例如，少典氏和有蟜氏通婚，產生

了黃帝和炎帝兩個氏族，後來炎、黃二氏族發生了阪泉之戰，黃帝戰勝，黃帝又在涿鹿之戰打敗了蚩尤，遂成為華夏集團的領袖。到了堯舜時代，曾與三苗之間發生激烈的戰爭，相傳舜是因為征伐三苗而戰死。後來大禹即位，由於對三苗的征伐不能取勝，改用「布施文德」的方式，才降服了三苗。

中國古代族群之間，戰爭兼併固然是經常發生的現象，但是推動族群融合的力量，主要還是依靠文化交流。例如，黃帝堯舜以後，夏商周三代雖然有朝代的交替，但在文化上卻有一脈相承的傳統，並且不斷地發展，所以孔子說：「殷因於夏禮，所損益可知也；周因於殷禮，所損益可知也。」**3**

從遠古時期，經過長期的族群融合，到了春秋時代，華夏民族已成為當時歷史舞臺的主要角色，相對於華夏民族的各種族群，統稱之為夷狄。華夏和夷狄在生活方式上表現了不同特徵，例如，華夏的服裝是戴冠冕、束髮、衣裳右衽，夷狄則不戴冠冕、披髮左衽。春秋時代，周天子衰微，諸侯內爭，華夏民族遭到夷狄的侵擾，中原文化面臨淪亡的危機，管仲輔佐齊桓公，完成「尊王攘夷」的霸業，解除了中原華夏文化所受的威脅，所以孔子稱讚他說：「微管仲，吾其披髮左衽矣！」**4**

先秦時代，華夏民族與夷狄的衝突，不在於血統和區域的差異，而是堅持著文化的立場，因此，對於「外族」並不盲目地排斥，所謂「夷狄進於中國則中國之」，就是最好的說明。這種態度也是中國文化的基本精神，秦漢以後，邊疆民族數度以征服者的姿態入主中原，但久而久之，也都認同了中原文化，族群也由衝突趨於融合，例如，

3 《論語·為政篇》。
4 《論語·憲問篇》。

魏晉南北朝時代的五胡，宋遼金元時代的契丹、女眞和蒙古，及近代的滿清，都是由於長期融合的結果，構成了中華民族的一部分。

　　總之，中國文化的誕生很早，在發展的過程中，除了維持本土文化的特色以外，又能兼採外來文化加以吸收，對於族群的相處態度，基本上採取了包容的態度而加以融合，因此能夠不斷地繁榮滋長、綿延壯大。

三、神話傳說與歷史

　　任何一個民族早期的歷史，大多經過神話（myth）與傳說（legend）的階段。古代原是神權的時代，許多重大史事都會染上神話的色彩。

　　另一方面，在文字尚未發明以前，古代的大事也都是以口耳相傳，一代一代地流傳下去。學者認爲，考古發掘的地下遺址和遺物，提供了古代的歷史舞臺和道具，神話和傳說的材料，則提供了舞臺上的人物和故事情節，兩者相互配合對照，更有助於對古代歷史的了解。

　　中國古代文獻對於人類起源的神話，比較重要的有兩則：一是女媧氏「搏黃土爲人」[5]，最初的人類是女媧氏用黃土做成的；其次是盤古氏「開天闢地」的故事（圖1-1-10），這故事是說，最初天地混沌如雞卵，後來天地開闢，「陽青者爲天，陰濁者爲地，盤古在其中」，如此經過了一萬八千年，「天數極高，地數極深，盤古極長，

5　應劭，《風俗通義》。

後乃有三皇。」[6]以上二則神話，反映了古代人民對於人類起源問題的推想和信仰，但以今日科學態度來看，已不足憑信。

　　至於傳說中的古史，雖然多為後人的追述，但也表現了古代文化演進各階段的特徵。其中以「三皇」和「五帝」最著名。

　　一般以燧人氏、伏羲氏、神農氏為三皇，相傳他們在遠古時代都有偉大的發明，改變了生活的型態，造福人群。燧人氏發明鑽木取火，教民熟食，脫離了茹毛飲血的階段，所以取火技術的發明，是人類文化史上的大事；伏羲氏發明製作網罟，捕捉活的禽獸，教民飼養，又制定嫁娶，建立婚姻制度，始畫八卦，發明了代表自然現象的符號；神農氏發明耒耜，考察土宜，嘗百草求可食之物，教民種五穀，並定日中為市，以物易物。由於發明了農業，使食物有穩定的來源，先民生活更為安定，故神農氏也被後人尊為醫藥之祖（圖1-1-11）。

圖1-1-10　盤古氏想像圖（引自《三才圖繪》）

圖1-1-11　武梁祠石刻神農氏像（手執耒耜）

6　徐整，《三五曆紀》，見馬驌，《繹史》卷一，臺北：廣文書局。

　　三皇傳說中的人物名稱顯然都是後人所加，他們代表的意義，不僅是古代文化演進過程中的幾個重要階段，也表示了中國歷史文化的悠久。至於五帝的傳說，如黃帝、顓頊、帝嚳、堯、舜，大約都是遠古時代的氏族領袖，其中黃帝、堯、舜尤為古史傳說中的重要人物。

　　黃帝號軒轅氏，時當神農氏的後代衰微，無力統治天下，各部族互相攻伐，黃帝就修德整軍，乘時而起，敗炎帝後代於阪泉，再敗九黎君長蚩尤於涿鹿，並北逐葷粥（ㄒㄩㄣ ㄩㄟˋ），各部族擁戴為天下的共主，建國於有熊（河南新鄭）。

　　黃帝建立了初步的立國規模，相傳他和同時代的人有許多重要的發明，如衣裳、冠冕、宮室、舟車、弓矢、指南車、天文、曆數、音律等，元妃嫘祖發明養蠶治絲，史官倉頡創作書契（文字）。黃帝元年推測約當西元前2698年（圖1-1-12）。

　　根據《史記》記載的古代帝王世系，顓頊、帝嚳、唐堯、虞舜，和夏、商、周三代，都是黃帝的後裔，中國歷史從黃帝以後，有比較清楚的系統，中國古代文明至黃帝而大備，所以後世尊黃帝為中華民族的共同始姐。

　　黃帝之後，以堯舜的傳說最著名，禪讓故事尤稱美談。相傳堯都平陽（山西臨汾），

圖1-1-12　武梁祠石刻黃帝像

國號唐，他是一位仁慈的賢君，曾派人觀察日月星辰的早晚，加以記錄，分一年為四季，教民依照季節耕種。堯年老，決定傳位給有才德的人，四方「諸侯」推薦以孝聞名的舜來繼承，堯先考察舜的品德和才能，令其攝政（無天子名義而行使天子的職權），舜都能盡職。堯死，舜順應諸侯的擁護，即天子位，都於蒲阪（山西永濟），國號

虞；他設官分職，命禹平治洪水，又定朝覲巡狩之制，政教修明。晚年，仿堯的辦法，禪位於禹，這種傳賢不傳子的「公天下」之局，稱爲「禪讓」。

堯舜的故事顯然有氏族社會的時代背景，在氏族社會裡，具有平等和民主的精神，所以氏族的領袖沒有特殊的權力和物質享受。相傳堯做天子的時侯，住的是茅草的房子，吃的是粗糙的米飯，政權的傳遞也尊重公意，以「禪讓」的方式產生繼承人，避免爭奪。所以從春秋戰國以後，歷代學者大都認爲堯舜爲人格完善的聖王，堯舜時代也就成爲後人心目中的理想世界[7]。

研究與討論

1.何謂「新石器革命」？人類生活型態有何重大改變？

2.中國古代文化起源爲何呈現「多元性」現象？

3.中國文化起源於本土，有哪些重要證據？

4.中國遠古時代族群分布，有哪三個集團？請繪一簡圖表示。

5.相傳黃帝時代有哪些重要的文物發明？有何重大意義？

6.堯舜傳說的時代背景如何？禪讓故事的眞相如何？

7 王仲孚，〈堯舜傳說試釋〉，《中國上古史專題研究》，臺北：五南圖書出版公司，1996。

第二節　古代國家的起源與社會的變遷

遠古時代，部落林立，逐漸演變成部落聯盟，進而演化成國家。傳說中的黃帝、堯、舜、禹的故事，就是從部落到國家的過程。夏朝成為中國古代第一個國家。

從夏朝到商朝，封建制度逐漸出現，周人克商之後，大行封建，並與宗法制度相配合，維持著階級森嚴的政治秩序和社會倫理。但是到了春秋戰國時代，貴族沒落，平民崛起，封建制度趨於瓦解，社會變遷空前劇烈，造成群雄並起的紛爭局面，至秦始皇統一天下而告結束。

秦帝國建立了「皇帝制度」，實行中央集權，廢封建，行郡縣，許多政治制度為漢代所繼承，秦漢帝國的規制，遂成中國二千餘年政治制度的基本格局。

一、中國古代國家的起源

古代國家是由部落逐漸轉化而來的。遠古時代，部落林立，經過征戰或婚姻關係，逐漸兼併，演變成部落聯盟[8]，再進一步演化，就出現了國家（state）。

在黃帝、堯、舜的時代，大約處於部落聯盟的階段，領袖稱為「共主」。相傳黃帝與炎帝發生阪泉之戰時，曾率領熊、虎、豾（猛獸名）打敗了炎帝，這些猛獸其實都是部落聯盟的成員。堯舜時代，許多大事都要徵求「四岳」的同意，「四岳」大約是部落聯盟成員的

8　這一階段也有人稱之為「酋邦」（chiefdom）。

代表。例如，堯的時候，洪水氾濫，「四岳」推薦鯀負責治水，堯雖
然不同意，也只有接受大家的意見，結果鯀用築堤的方式治水，九年
不成；堯年老時，決定以舜作為繼承人，也是經過了「四岳」的推
薦，才選擇舜為繼承人，堯死後，「諸侯」一致擁護舜，舜才成為正
式的共主。所謂「諸侯」就是當時的各部落。

　　這種情形到了舜死之後，禹繼任為共主的時候，發生了顯著的變
化。

　　禹在位時，完成二大事業，一是平定洪水，一是征服三苗。堯
時洪水為患，用鯀治水，鯀用築堤的方式治水失敗；舜即位後，改命
禹治水，禹改用疏導的方式，把氾濫的洪水都導之入海，水患才告消
除，人民得以安居。三苗是古代分布在江淮一帶的部落，從堯舜時代
就不斷與中原族群發生衝突，至禹始將三苗征服，解除了威脅。

　　洪水和三苗，亦即當時的天災與外患。在治平洪水和對三苗戰爭
的過程中，各聯盟部落必須同心協力接受禹的指揮和領導，因此禹的
權力也就超過了堯舜時代的共主地位。據古籍記載，禹即位後，曾會
「諸侯」於塗山，「萬國」都拿著玉帛向他朝貢[9]；他又曾在會稽召
見諸侯，有一位防風氏遲到，禹就把他處死。禹以前的堯舜，不過是
天下的共主，軍國大事還要徵詢公共的意見，而禹所表現的，則像是
已具有最高權力的國王了（圖1-2-1）。

　　禹年老時，原本也要依照堯舜禪讓的傳統，讓位給益，但禹死
後，諸侯不擁戴益而擁戴啓，於是啓就當了領袖。這時，有扈氏不
服，啓就以武力加以討平，啓的地位更為鞏固，從此禪讓制度結束，
開了傳弟或傳子的家天下之局，君位成為世襲。這是上古時代，從部

9　古書記載，堯舜禹時代的「諸侯」、「萬國」或「萬邦」，其實是形容部落之多。

落聯盟轉化為國家的重要過程。

　　考古學家曾經在河南省偃師縣的二里頭，發現了二座宮殿基址，認為這是夏朝遺留下來的宮殿基址。這些宮殿基址有殿堂、庭院、廊廡，結構複雜，規模宏大（圖1-2-2），顯示了古代國家舉行重大活動的功能，例如集會、祭祀、發布政令等。同時，二里頭遺址還發現了各種青銅器，計有：工具如小刀、銅錐；武器如鏃、戈；禮器如爵、鈴等（圖1-2-3）。青銅器的製作是高級進步的技術，它反映了社會分工和專業的程度，也表明在古代國家制度的運作下，才能容易做到。

圖1-2-1　武梁祠石刻大禹像

　　所以，學者認為夏朝為中國古代第一個國家。

圖1-2-2　二里頭宮殿復原圖

圖1-2-3　二里頭遺址出土之青銅爵

二、從封建到郡縣

（一）夏商的興亡

據《史記・夏本紀》記載，夏朝共傳了十四代十七王，到了夏桀時，生活奢侈，殺害忠臣，夏朝的人民對他失望而怨恨（圖1-2-4），商族的領袖成湯就乘機起兵滅了夏朝，建立商朝。

圖1-2-4　武梁祠石刻夏桀像
（騎在人民的背上）

商朝已經有了初步的封建，諸侯有侯、伯、子、男的等級及名稱，諸侯對於王室的義務，是奉命出兵征伐、守邊、為王室納貢及服役等。商王則是國家權力的中心，四方諸侯的共主。

商朝共傳了十七代三十王。至紂王荒淫無道，人民離心離德，被周武王所滅。

（二）西周的封建制度

周族是興起於渭水流域的「小邦」，克商之後，為了控制新征服的廣大地區，於是大行封建。封建的對象主要為姬姓之國[10]，如管叔封於管（河南鄭縣）、蔡叔封於蔡（河南上蔡）、周公封於魯（山東曲阜）、召公封於燕（河北薊丘）。其次為姻親功臣之國，如姜太

---

10 《荀子・儒效篇》：周初封七十一國，姬姓獨居五十三人。

公封於齊（山東臨淄）；先聖後裔之國，如封黃帝之後於焦（河南陝縣）；以及殷人後裔之國，如封紂之子武庚於商的首都殷（河南安陽），微子啓封於宋（河南商邱）。以地區論，則以今河南省與山東省最多（圖1-2-5）。

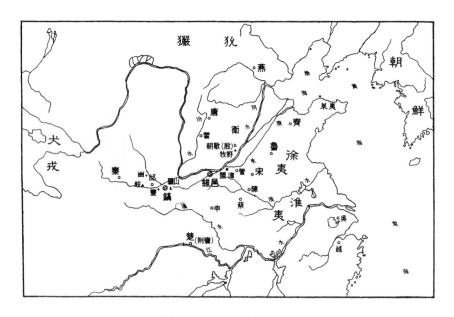

圖1-2-5　西周分封諸侯圖

　　西周分封的諸侯，爵位分為五等，即公、侯、伯、子、男。周王分封時，頒發受封者文告，稱作「冊命」，說明分封的疆界和人民，並賜給官吏、僕役、禮器、兵器、車馬、服飾等。諸侯封土的大小和置軍的多少，大致依爵位而定；天子直轄的土地為「王畿」，軍隊較諸侯之國為多[11]，又掌握高級官吏的任命權，所以《詩經》說：「普

---

11 西周封建制，軍隊的建置是：天子六軍；諸侯大國（公、侯）三軍；次國（伯）二軍；小國（子、男）一軍。

天之下，莫非王土，率土之濱，莫非王臣。」

　　周王（周天子）與諸侯關係的維持，規定天子定期巡視諸侯之國，叫作「巡狩」；諸侯也要定期朝見天子，叫作「朝覲」，並有向王室納貢、派兵爲王室征伐等義務。諸侯在自己國內，亦可將土地分封給卿大夫，叫作「采邑」，卿大夫也有向諸侯納貢的義務。

　　在封建制度之下，諸侯國以及卿大夫的「采邑」都有相當程度的「自治權」，周天子的命令並不直接到基層。到了春秋時代，王室東遷衰微，形成諸侯割據、互相兼併的局面；及至戰國時代，卿大夫更篡奪諸侯的政權，僭號稱王。同時，兼併戰爭更爲激烈，各國爲了生存，無不實行變法，追求富國強兵。隨著時代的演進，逐漸出現了郡縣制度。

　　秦孝公用商鞅變法，普遍推行縣制。把地方的基層單位鄉、邑、聚（村）等合併爲縣，共設四十一個縣[12]，縣的行政首長稱縣令，由國君直接任免，如此等於廢除了封建，加強中央對地方的控制，增強國力和行政效率。「郡」本來是各國在邊地應軍事要求設置的單位，其首長稱郡守，多由武官充任，郡的面積較縣大，但地位較縣低。例如：戰國時代魏文侯時曾設西河郡、上郡，楚悼王設宛郡，都是顯例。隨著邊地所設之郡逐漸增多且日漸繁榮，在郡內設縣也就日趨普遍，於是形成郡、縣二級制的地方行政體系；至戰國末年，各國郡縣的設立已很普遍。郡縣的出現，象徵封建制度趨於瓦解，至秦統一天下，正式廢封建，行郡縣，完成中央集權的大帝國。

---

12 商鞅變法共設多少縣，記載不一致，《史記・秦本紀》作四十一縣，《史記・商君列傳》作三十一縣。

三、宗法制度與社會變遷

（一）西周的宗法制度

在封建制度下，政治秩序和社會倫理都依靠宗法制度維繫。所謂「宗法」，就是宗族組織法，主要的特徵為嫡長子的繼承制和大宗小宗的區別。依據宗法制度，子有嫡庶之分，元配所生之子為嫡，其餘為庶。每世天子的嫡長子繼位為天子，是為「大宗」，其餘諸子分封為諸侯；諸侯也以嫡長子繼承爵位，在本國為大宗，對天子則為小宗；諸侯的庶子分封為卿大夫，其爵位亦由嫡長子繼承，在其采邑為大宗，對諸侯則為小宗。所以在政治上，從天子、諸侯到卿大夫，嫡長子是法定的繼承人；在宗族上，天子與同姓諸侯之間，則維持著嫡長子與庶子間的血緣關係（圖1-2-6）。

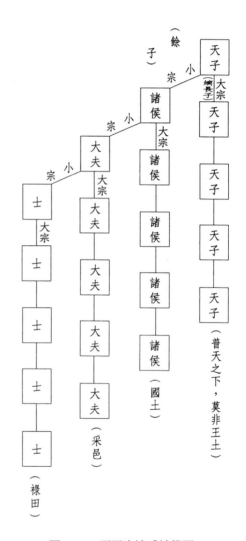

圖1-2-6　西周宗法系統簡圖

（二）西周社會的階級

西周封建制度下的社會分成許多階級：貴族、平民與奴隸。貴族包括天子、諸侯、卿大夫、士。除了天子、諸侯外，卿大夫亦有封邑，世守其官，擁有統治權和土地權，為世襲的貴族。次於卿大夫的是士，他們是受文武合一教育的男子，打仗為其主要任務。士沒有封邑，有食田或俸祿，食田不能世襲。再次為平民，即所謂「庶人」，包括農工商人，他們的職業是世襲的，父子相承，所謂「工之子恆為工，商之子恆為商，農之子恆為農」[13]。最下層是奴隸，大多是戰爭所得的俘虜，為犯罪的庶民，亦有全家籍沒為奴隸的。奴隸的身分世襲不變。

西周封建社會，自天子至於庶人，階級森嚴，身分不同，但都須受「禮」的約束，禮的舉行則須配合音樂，所以，禮樂不僅建立了西周封建社會的秩序，也調合了尊卑貴賤的關係。

（三）貴族沒落，平民崛起

到了春秋戰國，由於時代劇變，貴族沒落，平民崛起，其原因：1.封建制度下的世官數額有限，貴族子弟無法全部繼承，一部分貴族勢必淪為平民；2.各國競爭激烈，為了追求富國強兵以求生存，國君起用新人，不分貴族平民，唯賢才是用。

自春秋時代，孔子提倡「有教無類」，知識普及，平民之中已不乏才智之士。由於國君的擢用，遂造成「布衣卿相」之局，據統計，

---

13 見《國語‧齊語》。

從春秋末期到戰國末期，居於社會權力地位的人數，出身寒微者大量增加[14]。例如，申不害原為「故鄭賤臣」，蘇秦、張儀、范雎都是貧困出身，憑藉自身的才能，受到國君重用，貴為卿相。而齊之孫臏，燕之樂毅，趙之廉頗，秦之白起、王翦，也都因具有軍事專長而貴為將軍。

春秋戰國時代，工商業繁榮，原居於社會低層的工商業者一變而成為富商巨賈，他們挾其雄厚資財，購置貴族的土地，成為新興的地主階級；有些甚至成為國君的寵臣，左右一國的政治，如韓國大商人呂不韋，位至秦的相國。

總之，自西周以來的封建社會趨於崩潰，原有的封建階層也隨之瓦解，社會的變遷至為劇烈。

四、秦漢帝國的制度與運作

春秋戰國時代經過五百多年的紛爭局面，至秦併吞六國而告結束（770-221B.C.）。

西元前221年，秦王政統一天下，建立空前未有的大帝國，於是不再稱「王」，而改稱「皇帝」，以彰顯其至高無上的權威。他自稱「始皇帝」，意思是第一位皇帝，繼位者稱二世皇帝、三世皇帝，欲傳之無窮（圖1-2-7）。

皇帝之下，中央政府設丞相、太尉、御史大夫，稱三公，由皇帝

---

14 據統計，春秋末期居於社會權力地位的人數，寒微出身的，占百分之四十四，至戰國末期，則高達百分之七十四。見許倬雲，〈春秋戰國間的社會變動〉，《中央研究院歷史語言研究所集刊》，第三十四本下冊，頁五七一。

任命。丞相輔佐皇帝，掌理全國政務；太
尉負責全國軍事；御史大夫爲丞相之副，
職掌監察百官；丞相之下設九卿，分掌庶
政[15]。一切大權都集中於皇帝一身，群臣
百官不過奉命辦事而已。

在地方制度方面，秦始皇初併天下，
採納李斯的建議，不再實行封建，初分全
國爲三十六郡，後因平定閩中、越南，續
有增置，共設四十餘郡。郡設郡守、尉、
監三種官吏，分掌全郡之行政、軍事與監
察。郡下設縣，大縣置縣令，小縣置縣
長，均由朝廷直接任命，接受中央政府的
指揮。

西漢初年，地方行政區畫仍採秦代的
郡縣制，但也兼採封建，設置一些王國和

圖1-2-7　秦始皇帝像

侯國，這種郡縣與封建混合施行的制度，史稱「郡國制」。漢景帝
時，由於封建諸王與朝廷對立，發生「七國之亂」，亂事平定後，王
國的官吏由朝廷直接派遣，封建名存實亡。漢代的地方行政系統仍以
郡和縣爲主體。郡的長官稱太守，縣的首長稱縣令或縣長，都由中央
政府派任。郡守除了處理郡務外，每年並須將本郡戶口財賦的清冊呈
送丞相，作爲丞相施政的參考。縣的首長每年也須把本縣的施政資
料，呈送郡太守。

---

15 九卿之名稱及其職掌如下：奉常，掌宗廟禮儀；光祿勳，掌宮殿門戶，並統領在殿中侍衛的諸郎
　官；衛尉，掌宮門屯衛兵；廷尉，掌刑法；大司農，掌穀貨；大鴻臚，掌歸義蠻夷；宗正，掌宗室
　事務；太僕，掌皇室輿馬；少府，掌山海池澤之稅，以供奉皇室。

　　秦朝建立了統一的大帝國，實行「皇帝制度」和中央集權的政體；漢朝雖然推翻了秦朝，卻繼承秦的制度，並使之更為完備。秦漢帝國的規制，遂成為此後中國王朝制度的基本格局。

研究與討論 ■

1.傳說中的堯舜禹時代，在古代國家起源過程中具有何種地位？

2.考古學家在河南偃師發現的二里頭宮殿基址，對於古代國家起源的問題具有何種重大意義？

3.西周封建制度下的社會分成哪些階級？春秋戰國時代封建崩潰，社會階級發生了怎樣的變化？

4.秦漢時代「皇帝制度」的建立，在中國歷史上發生了哪些影響？請把自己的看法說出來。

第三節　學術思想

　　遠古時代，人類在信仰方面，籠罩在神權思想之下，商族對於上帝、自然神及祖宗的信仰尤爲虔誠。周族滅商之後，意識到夏商之滅亡，上帝及祖宗皆無能爲力，人的行爲才是禍福的根源，這一思想出現之後，逐漸擺脫了天道和神權的束縛。

　　至春秋戰國時代，學術思想大放異彩，九流十家學說並起，是中國學術思想的黃金時代，其中以儒、道、墨、法四家最爲重要，爲此後中國文化發展的基礎，孔子和儒家尤爲主流，影響深遠。

　　兩漢時代，由於政府的提倡和整理，經學最發達；此外，《史記》和《漢書》開創了史學的新體裁，成爲國史的典範；其他在文學和哲學方面亦有重要的成就。總之，春秋戰國及兩漢時代的學術思想，在中國文化史上占有重要的地位。

一、人文精神的躍動

　　遠古時代，人們相信自己的祖先是某種動物或植物所生，這種動物或植物便是他們的「圖騰」（totem）。在「圖騰信仰」（Totemism）的時代，人們認爲自己的「圖騰」是所屬部落或族群的保護者，神聖不可侵犯。同時，對於日月、山川、風雨、雷電的自然現象，也都認爲有神靈存在，而加以崇拜。

　　到了殷商時代，雖然距離「圖騰」的時代漸遠，但殷人仍相信自己是「玄鳥」的子孫（圖1-3-1）[16]。在信仰方面，完全籠罩在神權

---

16 《詩經・商頌・玄鳥篇》：「天命玄鳥，降而生商」，據漢代鄭玄的解釋，「玄鳥」便是燕子。

思想之下。商代的信仰可分天神、地祇
（くーˋ）、人鬼三類，天神就是「帝」
或「上帝」，是宇宙的主宰，最具權威，
他能夠降福給人間，也能夠讓人間發生災
禍。地祇就是自然界的神，如土地、山
川、風雨等，代表者是「社」，也就是土
神，是殷人祈求豐年祭祀的對象。人鬼是
人死後的靈魂，商人相信祖先死後，神靈
仍在四周，有意志感情，與活著的時候完

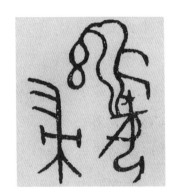

圖1-3-1　玄鳥帚女（婦）

全一樣，祖宗可以影響上帝降福，因此如向上帝有所祈求，必須經祖
宗轉達，所以對於祖先的祭祀特別虔誠隆重。這種尊敬祖先的習俗，
成為中國文化的重要傳統。

　　商代在物質文化方面，已有卓越的表現，例如，青銅鑄造的技
術、宮殿建築的宏偉、車具製作的複雜（圖1-3-2），都有很高的成
就。其他如甲骨文字、玉雕藝術等（圖1-3-3），也在中國古代文化
中占有重要的地位。但是在精神生活方面，殷人卻還未脫離原始的
狀態，一切行為仍由外在的神——祖宗神、自然神及上帝來決定。而
且，以人作犧牲及殺人殉葬的風氣非常普遍。這些都表示對神和祖先
的崇敬，而忽略了人們行為的自主性。

(1)

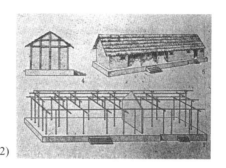
(2)

(3)

圖1-3-2　(1)商代的青銅器（司毋戊大鼎：呈方形四足，高133公分，橫長110公分，
　　　　　　寬78公分，重875公斤）；
　　　　　(2)殷代宮室復原圖（根據石璋如院士之研究）；
　　　　　(3)殷車復原圖（參考石璋如院士〈殷代車的研究〉一文）

甲骨文字體舉例			
鼎	衆	皂	臣
我	蜀	妾	妾
牧	牧	役	役
工	工	婢	婢
羌	羌	奚	奚

(1)　　　　　　　　　　　　　　　(2)

圖1-3-3　(1)甲骨文字；(2)商代玉雕

周族征服了商朝之後，鑑於殷人雖然對上帝和祖先虔誠的祭祀，但仍難逃滅亡的命運，可見「天命」——亦即神意並非無條件地支持某一個統治者，而是根據人們的行為來做選擇。所以西周初年，已經產生了「天命靡常」的觀念。這種觀念使周人產生「憂患意識」，認為人須為自己的行為負責，天和神只居於監督的地位，如果人的行為不合理，天命就會轉向他人。周人這種自覺，啟發了中國古代的人文精神[17]。在周初的文獻裡，周人諄諄告誡「不可不監于有夏，亦不可不監于有殷」[18]，也鄭重警惕自己，不可因為自己是征服者而安逸，不可酗酒玩樂[19]，因為上天在監視著下民，所以周公制禮作樂，還強調「敬天保民」（圖1-3-4）。不過，隨著人文精神的開展，由天道主宰人事禍福的思想，也就愈來愈淡薄了，到了東周時代，已有人相信吉凶是由人造成的，與天無關[20]。晉大夫史墨說：「社稷無常奉，君臣無常位，自古已然」[21]，晉國占星家根據天象預告鄭國要發生大火，鄭大夫子產反駁說：「天道遠，人道邇，非所及也，何以知之」[22]，孔子：「敬鬼神而遠之」、「子不語怪力亂神」[23]，這些進步的思想

圖1-3-4　周公像

17 參徐復觀，〈周初宗教中人文精神的躍動〉，《中國人性論史先秦篇》，臺灣商務印書館發行，1969年1月初版。
18 《尚書·召誥篇》。
19 《尚書》有〈無逸篇〉、〈酒誥篇〉。
20 《左傳》僖公16年。
21 《左傳》昭公32年。
22 《左傳》昭公18年。
23 《論語·述而篇》。

擺脫天道與神教的束縛，開啓了學術思想黃金時代的來臨。

二、春秋戰國時代學術思想的發達

（一）學術思想發達的原因

　　春秋戰國時代，學術思想極爲發達，九流十家的學說並起，是我國學術思想的黃金時代。其原因約有下列數端：

1. 由於學術蘊積的宏富，我國文明起源甚早，根據文獻記載，黃帝時代政教規模即已粗具，經唐虞夏商的長期蘊積，至於西周，典章文物已相當豐富，奠定了此後學術發展的深厚基礎。漢代學者認爲，諸子皆出於「王官」[24]，各家的學術思想都有其本身的淵源，故當東周之世，能發爲澎湃奔放之學說。

2. 由於時代變動的劇烈，社會急速變遷，產生許多亟待解決的問題，學者爲了「救時之弊」，相繼提出解決問題的理論或方法，因而有「諸子爭鳴，百家蜂起」局面的出現。

3. 由於書寫工具的進步，書籍的傳寫已以竹帛爲主（圖1-3-5），使知識的保存和流通更爲方便，書籍的數量也隨之增加。史載學者遊說四方，多載書而行，如「惠施多方，其書五車」；「墨子南遊見楚獻惠王，載書甚多」（圖1-3-6）。

---

24 班固《漢書・藝文志》認爲：儒家者流，蓋出於司徒之官；道家者流，蓋出於史官；陰陽家者流，蓋出於義和之官；法家者流，蓋出於理官；名家者流，蓋出於禮官；墨家者流，蓋出於清廟之守；縱橫家者流，蓋出於行人之官；雜家者流，蓋出於議官；農家者流，蓋出於農稷之官；小說家者流，蓋出於稗官。近代學者對於「諸子出於王官論」，看法不一，胡適反對，見其〈諸子不出於王官論〉一文，《胡適文存》一集二卷。

圖1-3-5　秦代的簡牘

圖1-3-6　抱持簡牘的古代學者

4.春秋以後，官學漸廢，私人講學之風大盛，凡知識淵博或自樹
　一家學說的人物皆能廣招生徒，加以傳授，如孔子之弟子號稱
　三千，墨子自稱弟子禽滑釐等三百人，孟子後車數十乘，從者
　數百人[25]，都是著名的例子。同時，各家在聚徒傳授之時，都
　充分發揮自己的學說，提出匡時救世的主張，使學術思想得以
　自由發展，產生百家爭鳴的盛況。

　　在「九流十家」之中，以儒、道、墨、法四家最重要，他們的學
　說成為此後中國文化發展的基礎，而儒家尤為主流。

25 見《墨子・公輸篇》、《孟子・滕文公下篇》。

（二）孔子與儒家

　　儒家的代表人物是孔子，他雖然不曾有意創立學派，但後世都以孔子為儒家的開創者。

　　孔子生於春秋時代**26**。他的言行思想主要見於《論語》，這是孔子死後，弟子追記其言行而成的一部書。孔子的中心思想是一個「仁」字，「仁」是統率一切精神活動的主體。實行「仁」的方法，就是盡「忠」、「恕」之道。「忠」是「盡己」，「恕」是「推己及人」。所以，仁者的表現是「己欲立而立人，己欲達而達人」，「己所不欲，勿施於人」。如以「仁」為本體，表現在具體的行為上，則對父母為孝，對兄弟為悌，對朋友為信，對國家為忠，對人則有愛心。

　　孔子在政治上主張「正名」，他鑑於春秋之世，禮壞樂崩，國家的綱紀和社會秩序亦遭到破壞，「正名」在於使政治走上正常的軌道，社會建立一定的秩序，所以主張「君君、臣臣、父父、子子」**27**，只有名實相符，才能防止僭越無度。因此季孫氏八佾舞於庭，孔子說：「是可忍也，孰不可忍也」，就是由於士大夫竟用了天子的舞制**28**，不合乎名分。

　　在個人的修養方面，孔子更強調「孝道」與「德治」，孝敬父母，尊崇祖先，德行才會敦厚。政治領袖尤應具備高尚的品德，為臣民的表率，才會受到一致的擁護。這些都已成為中國文化的重要特徵。

---

26 孔子名丘，字仲尼，春秋時魯國人（山東曲阜），生於周靈王 21 年，卒於周敬王 41 年（551-479B.
　　C.），享年 73 歲。
27 《論語・顏淵篇》，孔子答齊景公問政。
28 《論語・八佾篇》，西周樂舞，天子八佾，諸侯六佾，大夫四佾，士二佾。

孔子更是一位偉大的教育家。他首開私
人講學之風，本於「有教無類」的精神，對
於施教的對象，不分貴族或平民的子弟，一
視同仁。在教學方法上，注重因材施教和啓
發。他的教學不僅做知識的傳授，更注重人
格與道德的培養，所以被尊為「至聖先師」
（圖1-3-7）。

（三）孟子與荀子

孔子死後，弟子散布四方，儒家繁衍了
許多學派。至戰國時代，以孟子和荀子為重
要的代表人物，但兩人的主張不同。

孟子名軻，戰國時鄒人，一生以繼承孔
子之道為志。他主張「性善」之說，認為惻
隱之心、羞惡之心、是非之心、辭讓之心，

圖1-3-7　孔子行教圖

是人類生而具有的善良特質，是不假外求的。在政治上，他提倡「王
道」，反對「霸道」。王道是以德服人，霸道是以力服人。又主張
「民為貴、社稷次之、君為輕」，所以政治措施應取決於民意。經濟
措施要做到人民生活溫飽，養生送死無憾。孟子儼然以維護儒家的道
統自任，後世尊為「亞聖」，孔孟並稱（圖1-3-8）。

荀子名況，趙人，生於戰國末年，晚於孟子。他主張「性惡」，
認為人的本性有許多情欲，順著情欲發展，就要生出爭奪、殘賊、淫
亂等惡行來，必須靠後天的約束和教化，才能歸之於善，可見善行
是人為的。所以他說：「人之性惡，其善者偽（為）也。」由於人

性皆惡，所以必須以
「禮」爲治，來克制
情欲，約束行爲，社
會才得以安寧。

（四）老子與莊子

道家的代表人物
是老子和莊子。老子
即老聃，姓李名耳，
生卒年月無可考，著

圖1-3-8　亞聖廟（位於今山東省鄒縣）

有《老子》一書五千言，一稱《道德經》。

老子主張一切順應自然，恬淡無爲。他認爲文明是造成人類痛苦與罪惡的根源，所以主張廢棄知識，屏除禮教，絕聖棄智，返樸歸眞，回復到太古的社會中，無爲而治，所謂「我無爲而民自化」。

莊子名周，宋國蒙人（安徽蒙縣）**29**，約與孟子同時，有《莊子》一書流傳。他的思想歸本於老子，認爲人生應曠達超脫、放任自由，世上的是非、成敗、得失、榮辱、禍福，乃至貴賤、美惡、壽夭，都是相對的，喜怒哀樂更可以超脫。老莊的主張都是消極的避世思想。

---

29 見《史記‧老莊申韓列傳》。

（五）墨子的主張

　　墨家的開創者為墨子。墨子姓墨名翟，其時代約當孔子之後，孟子之前[30]。墨子提倡「兼愛」、「非攻」、「節用」。他認為天下之亂，起於自私自利而不相愛，因此必須「兼相愛」。所謂「兼相愛」，是要人做到「視人之國，若視其國；視人之家，若視其家；視人之身，若視其身」，如此可使「強不執弱，富不侮貧，貴不傲賤，詐不欺愚」。禍亂無從發生，才能興天下之利，除天下之害，走上治道。

　　他認為天下之大害，是由於人類的互爭。大國攻小國，強欺弱，乃是當時的大害。戰爭是不義的行為，所以主張「非攻」，他常率領徒眾援助被侵略的國家。

　　墨子處處提倡實用，其徒都能講求守禦技術，擅長製作各種守禦器械。他反對過度的物質享受，生活應以維持基本的需求為限，反對奢侈浪費。

　　在戰國時代，墨家的思想甚為流行，與儒家並稱顯學。

（六）法家的主張

　　法家興起於戰國時代，講求的是人君統治的技術，可分為三派：一派重「法」，以魏國的李悝與秦國的商鞅為代表，著重制訂法律條文，並以嚴刑重賞來貫徹執行，所謂「憲令著於官府，刑罰必於民

---

30 關於墨子的生卒年代，沒有明確的記載，《史記·孟子荀卿列傳》稱：「或曰並孔子時，或曰在其後」，錢穆，〈墨子生卒考〉，則主張墨子之生，不出孔子卒後十餘年，約當孟子生前十餘年。見《先秦諸子繫年》卷二。

心」；一派重「術」，以韓國的申不害爲代表，主張君主應有駕馭臣下的方法和手段；一派重「勢」，以趙國的慎到爲代表，主張國君應著重勢位，只有權位和威勢才足以服人。

集法家大成的是韓非。韓非爲韓國公子，他繼承了荀子性惡思想，綜合三派學說，認爲人君治理國家，應該法、術、勢三者兼籌並顧，對臣民的統治不能依賴仁義，而在於權勢，有《韓非子》一書傳世。

（七）其餘諸家

春秋戰國時代，除了儒、道、墨、法四家之外，還有六家，包括：主張「五德終始說」的鄒衍，稱爲陰陽家；主張正名實和堅白同異之辨的惠施、公孫龍，稱爲名家；主張君民並耕而食的許行，稱爲農家；以詐謀遊說而取富貴的蘇秦、張儀，稱爲縱橫家；兼有儒、道、墨、法等家思想的《呂氏春秋》，稱爲雜家；加上「街談巷語」的小說家，合爲「十家」。

三、兩漢的學術

兩漢學術可分經學、文學、史學、哲學四方面，茲分別加以敘述。

（一）經學

秦始皇採納李斯的建議「焚書阬儒」[31]，把民間所藏的詩書百家語盡付焚毀，一切書籍由「博士官」保存。秦朝滅亡時，項羽入關，焚秦宮室，以致民間和官府的藏書焚毀殆盡。漢朝初年，由於無經書可讀，漢文帝時，由老師宿儒憑記憶口授，用

圖1-3-9　漢代講經圖

當時通行的隸書寫定，是即所謂「今文經」。漢武帝時，罷黜百家，獨尊儒術，設立太學，置五經博士，當時博士學官所講授的是今文經（圖1-3-9）。

武帝末年，在孔子宅牆壁中發現《尚書》、《禮記》、《孝經》等書，因係以漢以前使用的「古文」寫成，所以稱為「古文經」。古文經與今文經除了文字不同，內容也有差異。私人講經大都採用古文。西漢末年，劉歆建議亦將古文經立於學官，遭到博士和朝臣的反對，於是漢代經學有今古文之爭。但東漢時代，私人傳授漸趨重視古文，著名學者如馬融、許慎，都治古文經。東漢末年，鄭玄注經，今古文兼治，是一位集今古文經學之大成的學者。

---

31 秦始皇34年（213B.C.），採納李斯建議，將各國史書百家語悉數焚毀，並頒布禁令，此後有敢偶語詩書者棄市，以古非今者族，留下醫藥、種樹、卜筮之書不焚。次年，又因方士誹謗始皇，於是阬殺「文學方術士」四百六十餘人於咸陽。

　　兩漢的經學，由於政府的提倡與學者的闡述整理，最為發達，所以學者稱兩漢為經學時代。

（二）文學

　　漢代文學以賦和詩文最發達。漢賦是介於詩與文之間的一種文體[32]。西漢時代，著名的賦家首推司馬相如；東漢則以班固、張衡為代表，班固著《兩都賦》，張衡著《兩京賦》，最為有名。

　　漢代是五言詩的產生時代，以「古詩十九首」為五言詩最早的代表作。東漢時，五言詩的創作益多，〈孔雀東南飛〉是一首著名的長篇敘事詩，是五言敘事詩中的巨構。至於散文，則賈誼、董仲舒、劉向等以奏疏、政論見長，司馬遷的《史記》、班固的《漢書》不僅是史學名著，也為後世文章的師法。

（三）史學

　　漢代史學尤為發達。《史記》與《漢書》使用「紀傳體」，即以人物為中心敘事，開創了史書的新體裁，成為此後我國國史體裁的典範，影響後世至鉅。《史記》作者司馬遷（圖1-3-10），漢武帝時

圖1-3-10　司馬遷像

---

32 學者對於「賦」的定義，並無明確說明。劉勰《文心雕龍》云：「賦者，鋪也，鋪采摛文，體物寫志也。」茲採一般說法。

人，綜合古今史料，首創紀傳體，內容分爲本紀、世家、列傳、表、書等五種體裁，共一百三十篇，起自黃帝，終於漢武，除以人物爲中心敘事，又能將政治、經濟、社會、文化各方面冶爲一爐，是我國第一部貫穿古今的通史。班固是東漢人，所著《漢書》專記西漢一代的事，起自漢高祖，終於王莽滅亡，其體裁摹仿《史記》，是我國第一部斷代史。

（四）哲學

兩漢時代，陰陽五行思想最爲盛行。漢儒講經都喜歡附會陰陽五行，充滿陰陽災異的思想，喜假託經義以推究災異祥瑞、天人感應等，充滿濃厚的迷信色彩，使虛妄之言大爲流行。

但同時，亦有一些學者不受這種思想潮流的影響，如桓譚著《新論》，即不信讖緯；王充著《論衡》，對於當時流行的陰陽災異及種種虛妄迷信之說，痛予抨擊，以「訂其眞僞，辨其實虛」，爲東漢一代的大思想家。

研究與討論

1.商代在物質文化方面有哪些成就？

2.西周初年，人文精神出現的原因爲何？

3.春秋戰國時代，學術發達，百家爭鳴，試從書寫工具進步、貴族沒落、私人講學之風氣興起等方面，分析其原因，並提出個人的看法。

4.孔子爲何受到後人的尊敬？你對孔子的評價如何？

5.春秋戰國學派「九流十家」之中，你喜歡哪一家？請說出理由。

第二章　魏晉隋唐時代文化的發展

第一節　中古門第社會

　　士族是魏晉南北朝、隋唐時期社會的重要組成分子。士族的形成與發展仰賴九品中正制，及占田、免賦役的經濟特權維繫。

　　九品中正制亦稱「九品官人法」，是取代漢代察舉制度的一種選才方式，寓有鄉舉里選深意。唯主持選才的中正官未克盡其職，致使成為士族晉身仕途的捷徑，維持家世的護身符。

　　占田及免賦役的經濟特權，使士族擁有大量的依附人口，因此逐漸形成莊園經濟，是魏晉南北朝時期經濟的特色。

　　士族有錢有閒，故反映在日常生活上，是一種豪奢浪漫、多彩多姿的氣象。談玄之風盛極一時，文學、藝術也有迥異前朝的發展。

一、選才制度的演變

　　選才制度是指政府選拔人才、擔任官吏的一種制度。周行封建，官位世襲，公有公門，卿有卿門，是一種世官制度，也就是官位由世襲繼承。春秋時期，王室衰微，諸侯力政，尚賢思想蓬勃發展，政府官員的來源不再限於世襲一途，到了漢代遂由選舉的方式來取代。

（一）漢代的選才制度

　　漢代選才任官有徵辟和察舉兩途。徵辟是一種由上而下的選任官吏制度，主要有皇帝徵辟和公府、州郡辟除兩種方式。皇帝徵辟主要直接從布衣或卑微的官吏中挑選，給予他大官，但一般不委以實際事務，是一種尊榮的仕途。公府、州郡的辟除是選拔有才能的人擔任各

級政府屬吏。

察舉制度是由皇帝下詔,規定政府需要哪一種性質的人才,由地方政府推薦,有詔舉和歲舉兩種。詔舉又稱特科,係視需要時,由皇帝下詔察舉,如孝悌力田、賢良方正、直言極諫、武猛堪將帥等;歲舉是地方政府定期向中央推舉孝子廉吏或茂才。這種選任官吏方式含有鄉舉里選的方式。

漢代的選用人才制度,特別偏重被選用者的品德和才能,而品德和才能的評定來自鄉里輿論。

(二)魏晉的九品中正制

東漢中葉以後,士庶流離轉徙,脫離鄉里,士人的出身里爵、道德才能均難稽考,鄉舉里選無法舉行。同時,選舉之權操於州郡,亦流於權門請託;加上政治不良,首相常常所任非人,察舉自然無法選拔到真正的人才,察舉制度完全崩潰。

在這種情形下,為了吸收人才,不得不採取權宜措施,於是魏文帝採納陳群的建議,實行九品中正制。九品中正制是在州郡設大小中正,來考核所轄州郡人物的品行,定為上上、上中、上下、中上、中中、中下、下上、下中、下下等九品。政府選用官吏,必須根據中正的評論,不能另立標準。由於人才分為九等,因此,九品中正制又稱九品官人法。

九品中正制的設置原本鄉舉里選之遺意,故注重鄉里清議,使人不敢為非,對政治、風俗都有很大的助益。同時銓定的方法很詳愼,中正銓定品第,須先訪問被銓定人的行事品第,再由大中正加以核實,大中正核實之後,司徒可以不通過。品第銓定後,每三年要重新清理定品一次,可說非常嚴密。故政府用人,依據中正銓定品第即

可，非常方便。

九品中正制的實施，在以鄉里清議褒貶士人，達到選拔人才的功能，但實施不久，九品中正制的流弊已出現，其中，中正的權力過大，又沒有制度來制衡，自然不免有循私舞弊的情形發生（圖2-1-1）。

政府只能依據中正所定人物的品第選用官吏，中正又由士族充任，因此仕途為士族所壟斷，寒門難有「出頭天」的機會，以致出現了「上品無寒門，下品無世族」的現象[1]。

上	上 上
	上 中
	上 下
中	中 上
	中 中
	中 下
下	下 上
	下 中
	下 下

圖2-1-1　九品示意圖

隋文帝開皇七年（587）為防止九品中正制的流弊，設立科舉制度，作為選才任官的辦法，這是政府選拔人才方法的大改變。科舉考試遂成為此後各朝代所採行，雖然其辦法與內容，各朝不盡相同，但具有客觀公平的精神，所以實施了一千多年，至清光緒三十一年（1905）才廢止，故科舉制度是我國主要的選才制度，現行公務人員的考試制度便是繼承這種精神。

二、士族、寒門與莊園經濟

士族與寒門是魏晉南北朝時期社會上兩個重要的階層。士族又被稱作「世族」、「世家大族」、「門第」、「門閥」。寒門是指士族之外的家族，又有「寒素」之稱。

1　《晉書‧劉毅傳》。

　　士族的萌芽可以遠溯至漢代，至魏晉南北朝發展成爲操控政治、經濟勢力的社會主要階層。形成這種社會階層的原因，可歸納如後：

　　（一）社會風氣的變遷：東漢中葉以後，社會上已經形成一種重視士族的風氣，士族之所以被看重，係因他們都能累世以名節自立，社會上的一般人也公認士家子弟爲德行純篤人物。

　　（二）九品中正制的保障：九品中正的大小中正由士族把持壟斷，因此他們銓定品第，都以門第譜牒爲依據，所以九品中正制成爲維繫門第的護身符。

　　（三）經濟制度的更動：在兩漢時期，人民的負擔，無論貴賤，差不多均等，所以丞相子不能蠲免戶課。到西晉初年卻發生了很大變化，士族不僅可以庇蔭他的一切親屬不納賦稅，還可蔭及衣食客及佃客，也不必納賦稅。這種庇蔭制的實施，無異又使士族多一層保障，更有利其發展。

　　士族有免納賦稅的保障外，在經濟上還有一項特權，即西晉政府頒布的占田令，占田令規定以官品高低占田[2]。九品中正制保障士族出任官員，占田令的頒布更提供了經濟的基礎。

　　寒門是與士族相對立的一個社會階層。他們的政治和社會地位，與士族相較，有明顯的差別。

　　在政治上，清望或顯要的官職都被士族所壟斷，寒門之人除了以軍功立勳之外，他們的出身不過是舍人郡吏，在政治上幾乎沒有地位。

　　在社會地位上，士族與寒門最明顯的差別有兩點。一是士族和寒族不通婚姻，例如：權臣侯景向王謝兩大士族求婚，梁武帝以「王

---

2 晉代官吏按品占田規定爲，一品五十頃，二品四十五頃，三品四十頃，四品三十五頃，五品三十頃，六品二十五頃，七品二十頃，八品十五頃，九品十頃。

謝高門非偶」勸阻。另外一點是士族和寒門不相往來，即使寒門已寵貴，亦不能和士族平起平坐。

儘管士族鄙視寒門，但士族耽於享樂，又不樂吏治與武事，故雖抱持高位卻脫離實際政務。進入南朝後，不僅開國之君全是寒門出身的軍人，甚至參贊機密的中書省通事舍人，及掌控地方權柄監視諸王的典籤，也都由寒門充任。因此，寒門的力量逐漸壯大，足以和士族匹敵。

莊園經濟的形成，在漢代已具雛型。當時擁有自給自足莊園土地者為官僚及商人。

東漢末年社會動盪，士族為自保，往往部勒宗族，加以武裝，或整個宗族遷移避難。為免遭受掠奪，或逃避苛捐雜稅及繁重力役，很多農民也依附士族成部曲。擁有部曲的士族，往往受到欲擴展勢力的割據群雄之拉攏，加速莊園的發展與擴大。

西晉政府頒布占田令及品官庇蔭親屬、衣食客、佃客免除賦役的措施，農民為了免除沉重賦役，紛紛投靠到莊園大地主名下，成為衣食客、佃客和部曲。衣食客、佃客和部曲除依規定繳交田租外，還要繳納紡織品，服各種勞役，同時也不能隨意離開土地，逃亡須接受杖責。莊園地主可隨意把自己的土地和衣食客、佃客、部曲轉讓給別人。衣食客、佃客、部曲經莊園地主放免才能成為自由人。

莊園依擁有土地及依附人口的多寡，可分成大、中、小三種類型。大者有田萬頃、奴婢千人，糧食、果蔬、藥物、燃料，及桑麻蠶絲、陶器磚瓦等，均能自給自足，儼如獨立小王國。中型莊園則擁有田地八十餘頃或百頃、僮僕百人。小型莊園有田十餘頃，僮僕數十人者居多（圖2-1-2）。

東晉政權建立後，很多南渡的士族搶占田地，建立起跨越州郡的大莊園，把北方先進的農業技術推廣到南方，使廣袤的土地大量開

圖2-1-2　魏晉南北朝的莊園生活

發，促使中國經濟重心逐漸向南移，在經濟發展的過程，莊園經濟還是有其貢獻。

三、士族的思想與生活

　　清談和玄學是魏晉士族的一股重要思想。什麼是清談、玄學？清談是手執塵尾，口談玄虛。玄學是指對《老子》、《莊子》、《周易》這「三玄」的研究與解說（圖2-1-3）。玄學是清談的主要內容，清談是對玄學的闡述和表現方式。

　　清談玄學的興起，是對漢儒重視章句訓詁的反作用，及受漢代品評政事、人物風氣的影響，更有魏晉時代社會政治的背景。

　　曹操在建立曹魏政權的過程中，打擊士族，消滅異己，孔融、楊修等士族名士遭誅殺，使清談逐漸走向玄虛。到曹魏正始年間，曹氏

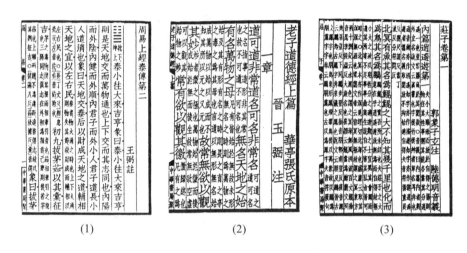

圖2-1-3　(1)《周易》、(2)《老子》、(3)《莊子》書影

和司馬氏兩大政治集團政爭之際，許多名士，如何晏、稽康等相繼被殺，於是一些苟全祿位的士族，以玄談爲事，完全流入玄虛之境。他們有的虛浮誇誕，故意作態；有的則故弄玄虛，釣取功名祿位。以至掌國政的士族高官，以玄談爲事事，不理朝政。著名的例子有琅琊大族王衍，到被石勒俘虜將死之前，始悟「祖尙浮虛」之非，故被視爲「清談誤國」。

魏晉清談玄學的關鍵人物有很多，如何晏、王弼、竹林七賢等。

何晏首創「貴無論」，指出「天地萬物皆以無爲本」的主尊思想，奠定玄學的理論基礎。

竹林七賢是稽康、阮籍、山濤、王戎、劉伶、阮咸、向秀等七人（圖2-1-4）。七人雖同爲魏晉清談玄學中的代表，但人品各異，思想觀點也各不相同。像阮籍力避捲入政治風暴中；阮咸和王戎則完全流入虛誕和苟全祿位的境地。

永嘉之亂以後，南渡的士族仍醉心於清談玄學，雖有反對者，如

圖2-1-4　竹林七賢畫像磚（由左而右，第一排人物爲嵇康、阮籍、山濤、王戎；第二排是榮啓期（春秋時代隱士）、阮咸、劉伶、向秀）

陶侃、王羲之，然畢竟屬少數。留在北方的士族則謹守儒家傳統，以經學傳家，艱辛地在異族統治下維持家族生存。一南一北形成鮮明的對比。

魏晉南北朝的士族在政治上受九品中正制的保障，因此士族子弟年滿二十歲即可爲官，而且多是「職閒廩重」的清官；在經濟上，除擁有大量的莊園土地外，更利用權勢從事商業活動，或是與商人合作謀利，生活優裕。

有閒又有錢，反映在日常生活上，就顯得多彩多姿。史書記載當時「都邑之內，游食滋多。巧技末業，服飾奢麗，富人兼美」[3]，道盡衣、食、住、行、育樂等豪華奢侈之狀。

與清談伴生的是一般人重美容止。重美容止，除身穿美麗華服

3　《晉書・六王傳》。

外，尚講究傅粉施朱[4]。

　　食的方面，平民飲食粗劣，士族則力求饎饌豐腴精美，梁武帝的御廚能「變一瓜爲數十種，食一菜爲數十味」[5]，可見烹調之精；何曾日食萬錢，還說無下箸處[6]；王濟以人乳蒸豚[7]，可見士族豪門飲食的豪華。

　　住宅園地也極其宏麗，營建材料以土木爲主，奢侈者常以琉璃爲飾。行的方面，乘車之外，南朝士大夫常使用肩輿代步（圖2-1-5）。

圖2-1-5　肩輿（即轎子，在中坐椅上下及四周增加覆蓋遮蔽物，其狀有如車廂（輿），並加種種裝飾，乘坐舒適）

　　士族們除重視衣、食、住、行方面的享受外，對琴棋書畫等活動，也甚爲好尚。尤其特別喜愛圍棋，爲圍棋置州郡，設中正，棋手也有九品定高下，對於詩、書法、繪畫也有品評高下的風氣[8]。

4　《顏氏家訓》，卷三。
5　《梁書·賀琛傳》。
6　《晉書·何曾傳》。
7　《世說新語·汰侈篇》。
8　鍾嶸著《詩品》，庾肩吾作《書品》，謝赫有《畫品》。

研究與討論

1.說明選才制度的演變，並探討九品中正制對士族形成的影響。

2.說明士族的形成和發展受哪些因素的影響？並探討臺灣目前是否存在政經新士族？

3.魏晉士族崇尚清談玄學，請說明清談玄學產生的原因、主要內容，並探討何以有「清談誤國」之說？

4.說明魏晉南北朝士族生活的概況，並和臺灣目前社會生活做比較。

5.何謂「寒門」？並說明寒門在魏晉南北朝時期政治社會地位的演變？

第二節　民族融合與文化交流

中國是以漢族爲主體構成的多民族國家，因此，漢民族與邊疆民族的衝突與融合，是促成中國歷史、文化發展的動力。與漢族的衝突最劇烈的是北方草原游牧民族，他們不僅曾進入中原建立政權，甚或征服中國。

漢民族與邊疆民族的融合，在中國歷史上，以春秋戰國、魏晉南北朝、宋元時期、滿清時期四個階段最爲重要。

中國文化不僅是中國各民族共同創造的，也是在吸收世界其他區域文化的基礎上創造的。這種中外文化交流，在近代西方文化傳入之前，以漢、唐兩個階段最重要。

中國文化對周邊民族的影響，形成東亞文化圈，其中以唐代文化東被朝鮮、日本的影響最大。

一、民族的衝突與融合

中國是以漢族爲主幹構成的多民族國家[9]。漢族與其他民族的衝突和融合，是促進中國歷史、文化發展的動力之一。

在遠古時代，中國各地部族林立，根據古史傳說和考古發現的推測，當時有華夏、東夷、苗蠻三個族群集團。這三個族群相互融合，逐漸形成漢族的前身——華夏民族[10]。春秋時代，華夏民族主要居住黃河流域，過著農業定居生活。

9　中國現有民族，除漢族外，還有五十五個少數民族。
10　參考第一章第一節。

　　秦漢以後，活躍在中國歷史舞臺上的民族，除農業定居的漢族外，還有北方草原游牧民族和南方少數民族。

　　南方民族由閩、越、黎、苗、侗等民族構成，過著「刀耕火種」的生活。他們多數時間接受中原歷代王朝設置的官吏管理和教化，因此和漢民族之間的衝突較少。

　　北方草原游牧民族大多善騎射，剽悍勇猛，農業民族視之為夷狄，所以兩者之間的衝突劇烈。為了防範游牧民族南下牧馬，秦朝在中國北方築起一道國防線——長城（圖2-2-1）。此後，長城不僅是國防線，也是種族和文化的分水嶺，畫分出游牧和農業兩種文化型態。但是，當中原農業民族國力衰頹或動亂時，游牧民族往往越過長城入主中原，建立政權，例如五胡十六國、五代、遼、金；甚或征服中國，如蒙元及滿清。他們有時也經由貿易互市和農業民族進行物質交換。透過戰爭和貿易，農業民族學習騎射技術，感染了尚武勇敢的精神，故有時也能開邊撻伐，漢唐盛世便是由此締造。游牧民族則從農業民族那裡學習先進的政治制度、生活方式等，如魏孝文帝的華化運動，因此，促成文化的互補和民族的融合。

　　中原農業民族與北方草原游牧民族、南方少數民族的交往融合，並非一蹴可幾，而是歷經

圖2-2-1　漢代河西長城遺跡

波折,因此,了解中國歷史上民族融合的過程,有助我們認識中國文化的演進。

春秋戰國時期,是中國歷史上首次民族大融合。以黃河流域爲主的華夏民族,和北方的戎狄及南方的蠻夷相互融合,不僅使戎狄交侵的局面得以改善,更爲華夏文化注入了新的活力,逐漸形成漢族。

魏晉南北朝是中國民族融合的另一次高潮。匈奴、鮮卑、羯、氐、羌等民族利用中原內亂,紛紛進入中國,建立政權,史稱「五胡亂華」。這一時期,北方草原游牧民族在進入中原的過程中不斷漢化,例如:北魏孝文帝的漢化運動(亦稱華化運動)。而中原的士族爲逃避戰亂則紛紛舉家南遷,促進了漢族和南方民族的接觸和融合。所以,隋唐時期的漢族已非秦漢時期的漢族,而是黃河、長江兩大流域以漢族爲主體的各族人民融合而成的新漢族。

宋元時期,中原政權再度遭受契丹(遼)、女眞(金)、蒙古等民族的侵擾,但遼、金或在崛起之前早已漢化,或在興起之後,以漢族文化爲師表,故以漢文化爲中心的中國文化並沒有因而消失原來的特徵,反而同化了不同民族的文化,豐富了自己的內容。

滿清爲女眞族的一支,在入關前已有漢化基礎;入主中原之後,對漢化採取防範的態度,但在不知不覺中很快被漢化。民國成立後,提倡各民族平等,由於經濟的互利依賴、交通資訊發達、教育普及,民族之間的界限逐漸消弭中。

二、中外文化的交流

中國文化不僅是中國各民族共同創造的,而且也是在廣泛吸收世界其他區域文化的基礎上創造的。同時,宏博的中國文化亦以豐富的

內涵，對域外文化產生不同程度的影響，在推動世界文明的進步和發展做出重大貢獻。

　　中外文化的交流，早在春秋戰國時期即已展開，迄近代西方文化傳入之前，中外文化交流以漢、唐兩個階段最重要。

　　漢代中外文化的交流，自漢武帝時張騫通西域後，逐漸活絡。西域通常是指玉門關（圖2-2-2）、陽關以西的地方（圖2-2-3），狹義的西域指今日的新疆一帶；廣義的西域除天山南北路外，還包括今天的中亞、西亞及印度。

圖2-2-2　玉門關附近的漢烽燧遺跡

圖2-2-3　陽關附近的漢烽燧遺跡

　　漢武帝時對匈奴改變和親政策，主動出擊，為斷匈奴右臂，派遣張騫通西域，中國和西域的關係日漸密切。一批批漢朝的使節和商人紛紛前往西域，除進行政治和軍事的結盟活動外，也從事貿易，將中國的物品和西域的特產相互交換，中國的絲綢因此傳入歐洲，形成羅馬帝國晚期，貴族、富人崇尚絲綢的風氣，最後養蠶的技術也傳到歐洲。所以，這條扮演中西文化交流媒介的道路，被後人稱之為「絲路」或「絲綢之路」[11]（圖2-2-4）。

---

11 「絲綢之路」一詞，於1877年由德國學者李希霍芬（F. Von Richthofen）首先提出。

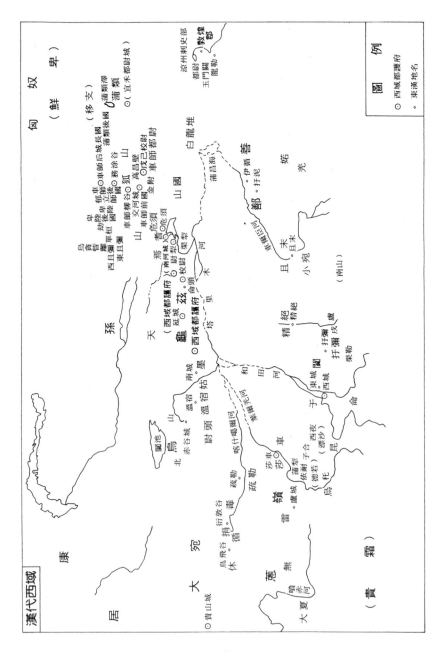

圖2-2-4　漢代西域圖

經絲路由西方傳到中國的物品皆屬稀罕珍寶或特產，充斥於宮廷的有明珠、翠羽、犀角、汗血馬、巨象、獅子；豐富中國飲食內容的，則有苜蓿、葡萄、石榴、胡瓜、胡桃、蠶豆等。

雜技、音樂、舞蹈等西域的藝術也傳入中土，豐富中國人的精神生活（圖2-2-5）。漢代雜技的種類很多，其中「幻術」在中西交流下，蓬勃發展。幻術即現在的魔術，漢代常見域外傳入的幻術表演項目很多，如吞刀吐火、畫地成川、立興雲霧、自支解、易牛馬頭、自縛自解、釣魚等。自支解、易牛馬頭、自縛自解、吐火是自西域傳入的。

圖2-2-5　漢代宴饗時的樂舞

自西域傳入的樂器有琵琶、箜篌、豎琴、笳、鼓等。這些樂器加入中國樂隊，改變樂隊的結構，絲竹樂器取代金石樂器，樂曲的旋律節奏也隨之改變。使漢代樂舞產生革命性影響的樂曲爲鼓吹樂，這是一種以鼓、排簫和笳等打擊樂器和吹奏樂器爲主的音樂，用於軍樂、儀仗和宴飲等場合。

東漢靈帝特別喜歡西域藝術和風俗習慣，因此，胡帳、胡服、胡床、胡坐、胡飲、胡樂、胡舞，成爲上層社會社交活動不可少的一部分。

唐太宗貞觀四年（630）大破東突厥，西域北荒諸國君長共上太宗「天可汗」尊號，「天可汗制度」使太宗成爲華夷諸國共主，負起撫綏諸胡，保障參加各國安全之責任，出現類似今日聯合國的組

織[12]。這個制度到唐玄宗天寶十四年（755）安史之亂起，才消失無形，前後一百二十五年，是唐朝溝通華夷促進中西文化交流的樞紐。這些傳入中土的文化，項目很多，僅就胡樂、胡舞、百戲、宗教加以說明。

西域音樂在漢代即已傳入，經南北朝至隋唐更大放異彩。唐代音樂以西域十部樂、坐部樂[13]及立部樂爲主[14]。這些音樂中都雜有胡樂的成分。以「十部樂」爲例，大體可分成三類：其中一類純中原音樂的「清樂」；其二爲性質純粹的四夷樂，其中以胡樂成分居多；第三是漢胡合璧的讌樂。

西域樂舞常相配合，故唐代舞蹈亦盛行配樂。唐代舞蹈有健舞及軟舞。健舞爲武舞，舞手執戚（武器），衣短小；軟舞爲文舞，舞手執翟，狀如鳳毛，衣長大。

唐代百戲，基本上承襲漢代者居多，不過，波羅球一項是唐代才由西域傳入者。波羅球，即今天所稱的馬球，唐玄宗以後諸帝都喜歡打馬球，故宮女、朝臣貴族亦盛行此戲，甚至有自築球場者，現今出土的唐墓壁畫中就常見打馬球圖（圖2-2-6）。打馬球的風氣歷唐、宋、元不衰，至明代才廢歇。

唐代也是外來宗教盛行的時期。佛教自東漢傳入，歷經南北朝的發展，到唐代不僅逐漸本土化，而且宗派繁多。回教（伊斯蘭教）、袄教、摩尼教、景教等也傳入中國，並在長安建寺傳教。

---

12 天可汗的權力有二：冊立各國君長、徵調各國軍隊作戰。義務有三：仲裁各國糾紛、保護弱小制裁侵略、救恤各國災難。
13 坐部樂有讌樂、長壽樂、天授樂、鳥歌萬壽樂、龍池樂、破陣樂等六部。
14 立部樂有安樂、太平樂、破陣樂、慶善樂、太定樂、上元樂、聖壽樂、光聖樂等八部。

三、唐代文化的東被

中國與朝鮮的關係建立很早,商末箕子率族人避居朝鮮。秦時,朝鮮分成馬韓、辰韓、弁韓三部;漢武帝平服朝鮮,設眞番、臨屯、玄菟、樂浪四郡,朝鮮被畫入中國版圖。

東漢以降至隋唐,朝鮮再分成高句麗(高麗)、百濟、新羅三國。高麗國勢最大,且與中國東北相近。隋四次征高麗

圖2-2-6 唐墓壁畫中的打馬球圖

無功而返,唐初征伐亦未竟全功,至唐高宗總章元年(668)才被平定,置安東都護府統治之。

朝鮮與我國東北相接,中國金屬生產工具、宗教、文教、藝術早已相繼傳入朝鮮。唐代是中國盛世,因此,朝鮮的文教、社會制度莫不受之影響。例如:在唐太宗、高宗、玄宗時,朝鮮三國之一的新羅曾派遣子弟或大臣來華,或「觀國學」,或「上表諸唐禮」,朝鮮文教逐漸漢化[15]。社會風俗,無論耕稼、婚姻、喪葬,均與中國相同,所以有爲父母服三年喪,死者殯於屋內,經三年再擇吉日而葬的風

---

15 新羅有「君子國」之稱。

俗。在政治制度方面，新羅在皇帝之下，宰相府名爲「執事府」，下設六部，名稱雖與唐制不盡相同，但職掌相同，係仿唐六部組織，地方政制亦與唐類似。

　　日本古稱倭國，至唐始有日本之名。在東漢時曾來朝貢，光武帝賜予「漢委奴國王」金印（圖2-2-7）。在晉朝時，經百濟學者中介，日本開始仰慕中國文化。至隋唐時，日本使者往來更密，當時稱爲「遣隋使」或「遣唐使」。以唐代而言，由唐太宗貞觀四年（630）至唐昭宗乾寧元年（894）二百六十四年間，日本共派「遣唐使」二十一次。

圖2-2-7　漢委奴國王印（爲東漢光武帝所賜，1784年在日本福岡市附近被農民意外發現）

　　「遣唐使」中，有使節、留學生及學問僧等，小者一次數人，多者五、六百人。在這些人中，以留學生及學問僧影響日本文化最大。日本「大化革新」中的主要人物都是來唐的學問僧。

　　「大化革新」是日本的華化運動，在革新的項目中，班田制和租稅制完全仿自唐代的均田制和租庸調法。

　　在奈良時代，日本貴族更醉心於唐代文化，故學術、技術、文

藝、音樂、建築、雕刻、繪畫，及有關服飾、器皿、生活方式，完全學習唐朝。在唐代文化影響下，漢文書籍也大量傳入日本。日本使用的文字，也在吉備眞備和空海等人的改造下，由漢字簡化爲片假名和平假名。

研究與討論

1.了解中國民族的形成與結構，並說出自己屬於哪一個民族。
2.中國民族在衝突與融合過程中，對文化發展有何影響？對於現今臺灣地區的族群問題，你有何看法？
3.漢唐時期，中外文化交流有何異同？
4.唐代文化東被，對朝鮮和日本產生哪些影響？

第三節　宗教信仰與社會文化

宗教是一種信仰，也是一種複雜的文化現象。因此，什麼是宗教？也就有以下不同的定義：

1. 宗教是人們對應自然和社會環境的創造。
2. 宗教是以某些超自然的存在物作為信仰的中心內容。
3. 宗教是以一定數量的信徒，根據一定的組織和規範組成宗教共同體，來作為它的社會存在形式。

由於宗教是對應自然和社會環境的創造，是以某些超自然的存在物作為信仰的中心內容，因此，與人們的迷信觀念、神靈崇拜有直接的關係。

迷信觀念和神靈崇拜還稱不上是成熟宗教，只能稱為原始宗教或者是宗教的萌芽。中國先秦時期流行的宗教便是自然的崇拜、祖先的崇拜，這種宗教信仰是自然發性的，非人為創造的，可以稱之為中國古代傳統宗教。

在秦漢時期，宗教信仰的發展除賡續傳統宗教信仰外，值得我們重視的有二：一是道教的創立；一是佛教的傳入。

一、先秦兩漢的宗教信仰

古代宗教思想的萌芽，可遠溯至舊石器時代晚期。在北平周口店山頂洞人遺址中，有陪葬物的發現和裝飾品的殉葬，說明山頂洞人有埋葬屍體的習慣，這種埋葬屍體的習慣，代表了人們對鬼魂的崇拜。

但古人對死亡的因果一無所知，因此，幻想中的鬼魂和對已故祖先的神化，就產生了鬼魂和祖先崇拜二種形式。遠古時期，崇拜的祖

先是那些生前強而有力的人或部落酋長，所以，《禮記·祭法》中記載，有虞氏、夏、殷、周崇拜的祖先是黃帝、帝嚳、顓頊、堯、鯀、禹、湯、稷等人。崇拜這些祖先的作用是紀念祖先的功德，借用祖先崇拜來作爲加強統治的基礎。秦統一天下，秦始皇將成功的原因之一歸諸「賴宗廟之靈」**16**，故極爲重視祖先的崇拜，在渭南建宗廟，設專官管宗廟禮儀事宜，說明祖先崇拜在秦朝占有重要的地位。漢代承秦制，也在京師長安設陵廟，也派有專職的官員掌管宗廟禮儀，亦見祖先崇拜在漢人心目中仍占一席之地。

　　遠古時期，人感受到自然界種種變幻莫測的現象，把天體、氣象、土地、山川等自然現象加以神化，形成自然崇拜。這種信仰伴隨著社會演進，逐漸孕育出至上神的觀念。這種至上神的觀念，即爲殷商人所崇拜的「上帝」及周人的「天」。

　　在殷人的宗教觀中，上帝能控制萬物，禍福人事，握有無上的權威，但人不能與上帝直接溝通，必須藉著祖先的神靈爲媒介，以達於上帝。周人以「天」取代上帝，是受到人文精神的影響，認爲並非每一樣人事都受天干預，只有在某些非人力能控制的問題上，才被歸諸天，天也就此表現其主宰力，尤其是在王朝的興替更迭。

　　春秋戰國時期，周王室衰微，霸主迭興，七雄競逐，學術上出現百家爭鳴的局面，其中陰陽五行說對秦漢時期的五帝崇拜產生了重大影響。

　　秦漢時期的五帝崇拜是逐漸形成的。秦襄公時祠上帝西畤，畤是祭壇；西畤所祭者是白帝。其後，秦宣公祭青帝，秦靈公祭黃帝、炎帝，秦獻公祀白帝。至秦統一天下前所祭者僅四帝，無北方黑帝。

---

16 《史記·秦始皇本紀》。

　　劉邦入關後,立黑帝祠,以補秦四帝之祠,使五帝祭祀因而完備。但五帝崇拜缺乏至上神的觀念,不利中央政權的統一和鞏固,漢武帝採用方士的建議,立太一祠,祭太一神。自此,五帝降爲太一的輔佐,不再與上帝同位。

　　祖先崇拜、鬼魂崇拜、天帝崇拜形成制度之後,出現了一批巫、祝、卜、史等宗教神職人員。透過這些神職人員,使一些民俗信仰如巫術、數術等,也被引進當政者的日常生活之中,如秦始皇及漢武帝皆幻想長生不死,篤信神仙方士之術。武帝晚年雖悟仙人皆妄,罷退方士,但已有一些方士與儒士合流,奠定了道教產生的基礎。

二、道教與中國社會文化

　　道教是中國本土的宗教,源於先秦道家。在形成的過程中,承襲了中國古代的民間巫術和神仙方術,雜揉了道家、儒家、墨家、陰陽家及黃老思想,所以它的宗教思想體系十分龐雜。

　　道教的前身是戰國中後期的方仙道和漢初的黃老道。在東漢晚期正式產生,太平道和五斗米道是最早的兩個教派。

　　太平道是鉅鹿人張角所創,因信奉《太平經》而得名。該書內容言及陰陽、五行、災異、鬼神等,預言將有大德之君降世。由於張角以黃老善道教化天下,易使人相信他是以善道教人;再加以用符水咒語爲人治病(圖2-3-1、圖

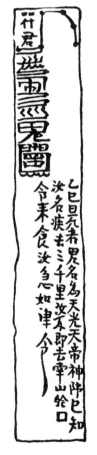

圖2-3-1　符籙木牘圖

2-3-2），病者頗癒，百姓
信仰日增。十餘年間，擁
有徒眾十餘萬，遂在漢靈
帝中平元年（184）起事，
後為皇甫嵩所平，史稱
「黃巾之亂」。黃巾起事
失敗後，太平道的組織被
破壞，以後便銷聲匿跡。

圖2-3-2　解注瓶

　　五斗米道又稱天師道，創始人是沛國豐人張陵。他奉老子為教
主，以《老子道德經》為主要經典，並自稱出於太上老君（即老子）
的口授而造作道書，要求受道者出米五斗，故稱五斗米道。張陵死
後，歷經張衡、張脩及張魯，才使五斗米道的組織系統化。張魯在
漢中建立政權，統治將近三十年，自號「師
君」，以鬼道教民，並設義舍為過往行人免
費提供食宿。有隱瞞小過者，須修補道路百
步，將功抵過，略示懲罰；對犯法者，寬有三
次，以後再犯，方處以刑罰，故史稱「民夷樂
之」。漢獻帝建安二十年（215）張魯投降曹
操，五斗米道開始走向官方道教。

　　兩晉以降，道教仍以通俗形式在民間發
展，但當時不少政治事件或社會動亂與道教多
有關係。此外，魏晉間，士族中流傳玄學，以
老莊思想為基礎，探索宇宙萬物存在的原理與
方向。道教便在玄學引導下，建立自己的理論
基礎。為道教建立一套理論體系以及修練成仙
方法的是葛洪（283-363）（圖2-3-3）。葛洪

圖2-3-3　葛洪像

著有《抱朴子》一書，他提出「玄」、「道」、「一」三個概念，
「玄」和「道」都是指宇宙的本源，它們和「一」相通，這個「一」
神通廣大，無所不能，「玄」和「道」都起於「一」。有仙骨的人能
得到「玄一」或「眞一」成仙。在成仙途徑上，葛洪相信藥物可助人
成仙，因此提倡煉丹。

南北朝時，道教的改革頗多
成就。北朝的代表人物是寇謙之
（365-448），主張著重服食閉
煉，指斥張陵所傳爲僞法。南朝則
有劉宋時的陸修靜（406-477），
收羅以往的道教典籍，參考當時的
制度及佛教修持儀式，改革五斗米
道。道教的教規、儀範經寇謙之和
陸修靜修訂後，逐步定型。此後，
陶弘景（456-536）繼續吸收儒佛
兩家思想（圖2-3-4），充實道教內
容，構築道教神仙譜系，敘述道教
傳授歷史，主張三教合流，對後世
道教的發展影響極大[17]。

圖2-3-4　陶弘景像

隋唐五代是道教教理不斷深
化、發展鼎盛的時期。就道教本身而言，經廣泛的吸收，道教教理已
有紮實的基礎。統治者也要借用神權來維護其統治，因此採取一系列
措施來扶植道教。尤其是唐代皇室自認老子李聃是其族祖，視道教爲

17 陶弘景受梁武帝尊崇，常派人向他諮詢國政，時人稱之爲「山中宰相」。

國教，推崇《道德經》，使和儒家的五經並立；又封莊子等爲眞人，改莊子等所著書爲眞經[18]，規定貢舉士子須兼通眞經。玄宗甚至親自爲《老子》作注，因此對道書的研究蔚成風氣，並形成新道教。

自漢末以降，在中國傳統文化中，如科技、文學藝術、民俗等方面都深受道教的影響。

道教徒因追求長生久視，得道成仙，重視服食丹藥。爲了製作丹藥，而發現了硫化汞、火藥，開啓我國古代化學之先河。同時在不斷探求延年益壽的方法中，也帶動醫學及藥物學的發展。葛洪的《肘後備急方》記載了天花、肺結核等傳染病，對免疫法也有較正確的認識。孫思邈的《備急千金要方》、《千金翼方》，對藥方的製作方法、疾病的診斷、治療和預防都有詳細的記載，對現代的藥物學和中醫治療仍有極重要的借鑑意義。

文學藝術方面亦受道教的影響。專爲道教而作的小說有《海內十洲記》、《洞冥記》等書；也有反映道教思想與神仙題材的，如《搜神記》、《枕中記》等。詩歌也有表現神仙、道情的作品，如漢代以後的遊仙詩。藝術上，音樂、繪畫、書法、雕刻、建築等也都和道教有密切關係。它的音樂接受民間音樂，往往有濃厚的地方色彩。王羲之篤信天師道，相傳他獨創一格的行書頗得益於符籙的啓發。道觀中，如永樂宮壁畫、清原山老子造像和白雲觀的殿堂布局，分別呈現了道教繪畫、雕塑與建築等藝術水準和風格。

民俗方面，有些影響甚至延續至今，例如城隍、灶神、土地等的崇拜祭祠。有些宗教活動也在不知不覺中轉化成民間習俗，世代相傳，如超渡亡靈、廟會及行業神的崇拜等。

---

18 將《莊子》一書改稱《南華眞經》。

　　由於道教對中國古代社會文化的深刻影響，因此，有些人認爲道教是中國文化的寶庫、中國文化根柢所在，這份文化遺產在今天仍值得我們重視。

三、佛教與中國社會文化

　　佛教發源於印度，和基督教、伊斯蘭教並稱爲世界三大宗教。

　　佛教創始人爲釋迦牟尼，傳入中國的確切年代難考，但在東漢初期，已有人將之與黃老和神仙之術一樣加以信奉。東漢中期以後，社會動盪不安，民間疾苦無以復加，人們需要從宗教中取得安慰，佛教才在中國生根，洛陽成爲當時中國的佛教傳播中心（圖2-3-5）。

　　魏晉南北朝時期，玄學與佛學合流，再加以帝王的提倡，中國佛

圖2-3-5　洛陽白馬寺現址

教界出現許多弘法大師，並形成許多教派。代表人物有道安、鳩摩羅什和慧遠。道安（314-385）首創僧尼規範之例和佛教徒以釋爲姓。鳩摩羅什（343-413）爲西域人，來華後所譯的《金剛經》、《法華經》、《維摩經》等，成爲後來中國佛教各教派的重要經典。慧遠（334-416）把印度佛教性理論和中國傳統的「神不滅」思想融合在一起，爲佛教的中國化做出了極大的貢獻。

隋唐是中國佛教的鼎盛時期，也是中
國佛教的成熟期。玄奘法師是這一時期弘
揚佛教最有力的人物（圖2-3-6）。他遊學
印度返國後，致力於佛經的翻譯。其譯法
一改過去的照本直譯，直接從梵本口譯，
意思獨斷，出語成章，並對底本採多本互
校，故譯籍宏富，譯藝專精，堪稱前無古
人，後鮮來者。

圖2-3-6　玄奘像

唐代由於譯經事業取得重大成就，
再益以社會經濟、政治、文化各方面的條
件，使佛教不僅在中國繁榮發展，並且東
傳朝鮮、日本，形成東亞佛教圈。其中，
鑑眞法師赴日弘法，備受日本朝野尊
崇，至今尤傳爲美談（圖2-3-7）。

隋唐之際，佛門講究衣缽的傳
承，開始確立宗派。著名的宗派有八
個[19]，天台、唯識、華嚴、禪宗爲公
認的四大宗派。

其中，禪宗是一個最具中國特
色的佛教宗派，初祖爲印度人菩提達
摩，後來分成南北兩宗，南宗是慧
能，神秀爲北宗。禪宗提倡「悟」，
北宗主張漸修，要求打坐息想，拘束
其心；南宗突破傳統，主「頓悟」，

圖2-3-7　鑑眞和尚像（鑑眞曾帶領
　　　　　弟子東渡日本弘法，日人
　　　　　尊其爲「過海大師」）

19 八大宗派，分別是三論宗、天台宗、法相宗、華嚴宗、密宗、律宗、禪宗、淨土宗。

　　吸收孟子的性善論改造佛教，宣揚「心即是佛」、「見性成佛」。把對佛陀崇拜的外在宗教轉變成一種注重自心的內在宗教。此外，又強調「即世間求解脫」，使注重出世的佛教變成爲不離世間的入世宗教，把佛教進一步世俗化。因此宋元以後，禪宗成爲佛教的代名詞，慧能可說是中國禪宗的眞正創始人。

　　佛教傳入中國之日起，就逐漸走上中國化的道路，因此受到傳統文化的影響。相對的，佛教也對中國文化產生深刻的影響，以哲學思想爲例，魏晉以降，由於玄學興起，佛教的「般若學」受到重視和提倡，與玄學交融匯合，最後取代玄學。隋唐佛教宗派多講心性之學，尤其是禪宗認爲一切事物都在自性之中，在自性中見到一切事物，稱爲清靜法身，也就是自悟成佛，把心性論和本體論、成佛論結合起來。這種心性論和本體論的密切聯繫，對後來宋明理學的形成有莫大的影響。所以有人說：「無佛學，即無宋學。」

　　再者，如詩歌、書法、繪畫、小說、戲曲、語言文字、建築雕刻等方面，也往往可見佛教的影響。以詩歌爲例，從魏晉的玄言詩，到南北朝的山水詩，從唐詩到宋詞，都受佛教影響。兩晉山水詩集大成的謝靈運是佛教徒，唐代的李白、杜甫雖不崇佛，但對佛教義理也有深刻體會；白居易則是佛道兼修，以「香山居士」自居。王維崇佛更甚，其禪詩在中國詩歌史上占有舉足輕重的地位。至於小說、話本等的發展，也受到佛教說唱文學——「變文」的影響，有些佛典更爲小說創作提供故事來源。藝術方面，除石窟佛像雕塑外，寺院、佛塔及經幢等[20]，有各種造型式樣，展現出佛教造型藝術的高度成就。

　　總之，中國佛教是印度佛教與中國傳統思想相互交融匯合的產

---

20 經幢是身刻陀羅尼經文，基座和幢頂雕飾花卉、佛像的建築。唐至宋遼時，有爲立功德而建的陀羅尼幢，也有爲紀念高僧而鑄的墓幢。

物，已成為中華民族傳統文化一個重要組成部分。

研究與討論

1.鬼神崇拜與祖先崇拜在日常生活中扮演何種角色？

2.道教形成和發展的經過為何？哪些人對道教的發展做出貢獻？

3.佛教在唐代發展成哪些宗派？它們的主要思想為何？

4.何以說「無佛學，即無宋學」？

5.道教和佛教分別對中國文化產生哪些影響？

6.試就所知，說明佛、道兩教對臺灣社會的影響？

第四節　文學與藝術

魏晉南北朝時期，政治上動盪不安，漢胡對峙，文化中心南移，有利於純文學藝術的發展。一般知識分子雅好玄學清談，追求「言外之意」，文學創作風氣大盛。其中，以樂府詩歌最見異彩，而駢文唯美形式的形成，以及文學批評的出現，更足稱述。

唐代統一之後，社會安定繁榮，詩賦除可為仕進之階，更能展現文人的才華，自然文學創作出現前所未有的盛況。宋初承唐之餘韻，詩詞文學普及社會各階層；南宋偏安之後，君臣及時行樂，歌舞昇平，文學藝術再創高峰。

藝術的發展本與文學創作相關，由於士人的自覺，加上外來宗教提供了新的素材，使純藝術的創作從魏晉時期開始發展；至唐宋時，不論是繪畫、書法、石窟雕塑的創作上，都有極佳的表現。

一、魏晉的文學

魏晉南北朝時期政治黑暗，傳統儒學衰敝，玄學與清談盛行，士人自覺精神興起，文學遂脫離經學而獨立，其成就有以下三大方面：詩歌、駢體文和文學批評。

（一）詩歌

東漢末年建安時期文學成就輝煌，曹氏父子、王粲和劉楨等人[21]，上承漢樂府，描寫社會動亂和民生疾苦，採用民間歌謠創作文

---

21 建安文學的代表作家是：三曹（曹操、曹丕、曹植）和七子（孔融、陳琳、王粲、徐幹、阮瑀、應

人詩歌，形成悲涼慷慨、剛健有力的風格。在他們的倡導之下，詩歌創作得到很大的發展，形成後世稱道的「建安風骨」寫實主義精神。

曹魏正始年間，朝政大權落入司馬氏父子之手。在政治混亂下，士人崇尚虛無、消極避世的清談與佯狂的風尚迅速發展，是以阮籍、嵇康爲代表的詩歌創作，形成正始詩歌的獨特風格。

東晉時期，士族文人崇尚老莊、空談玄理，思想空虛，行爲放蕩不羈。直到陶淵明「採菊東籬下，悠然見南山」、「方宅十餘畝，草屋八九間」，自然平淡、樸實質直風格的出現，才給虛浮的東晉詩壇帶來新的氣息。

南北朝時，詩壇中心在南朝。南朝詩歌創作在內容上比較窄狹，在形式上卻有新的創造，上承漢魏，下啓唐宋，在中國詩歌史上是一個重要時期。南朝文人常寄情山水，以排遣對政治的不滿。晉宋之際，描寫自然的山水詩便正式形成於南朝劉宋時期，代表詩人是謝靈運。

北朝由於長期混戰，詩歌沒有突出成績。不過，卻產生了〈木蘭詩〉、〈敕勒歌〉等富於地方色彩的民歌。〈木蘭詩〉敘述一位名花木蘭的女子代父從軍的故事，〈敕勒歌〉則簡單敘句，寫出了邊塞游牧民族的風情，是文學不朽之作，其歌云：

敕勒川，陰山下，
天似穹廬籠罩四野，
天蒼蒼，野茫茫，
風吹草低見牛羊。

場、劉楨）。就詩而論，以王粲、劉楨最著。

南方民歌則大多脫離不了愛情相思、離愁別恨、風格豔麗的歌唱，和北方民歌的豪放剛健形成鮮明對照。

（二）駢體文

魏晉南北朝時代，駢體文成了文章的正宗。駢文多用四言、六言的句子作對偶排比，同時著重聲韻的和諧和詞藻的華麗，並以用典為尚。例如，「暮春三月，江南草長，雜花生樹，群鶯亂飛」[22]，便是傳誦千古的名句。

南梁庾信是當時有名的賦家，他出使西魏，被強留為官，亡國之痛加上懷鄉之情，使其在〈哀江南賦〉一文中，對梁代興亡及個人身世遭遇有相當深入沉痛的描述。〈哀江南賦序〉是賦前的序，也是一首無韻的抒情詩，歷來傳誦的程度甚至超過原賦。它概括了全賦的大意，並說明作賦的動機，感情真摯深沉，既有駢文的形式美，又有散文的表現力，與〈哀江南賦〉相互輝映。

（三）文學批評

由於長期創作經驗的累積，自然形成文學理論的發展。曹丕的《典論‧論文》寫於建安時期。他首先肯定了文學的地位，說明文學的特性[23]，並指出建安七子創作的特點，首開評價文學作家與作品之風。

---

22 見丘遲〈與陳伯之書〉。
23 曹丕把文學體裁分為四類，並說明其特點：「奏議宜雅」、「書論宜理」、「銘誄尚實」、「詩賦欲麗」。此種區分雖不盡完善，但文體區分自此開始。

　　南朝時出現文學批評的專著，以劉勰的《文心雕龍》和鍾嶸的《詩品》兩部最具代表性。《文心雕龍》書分上下兩篇，上篇詳論文體的流別，下篇系統地討論創作問題。劉勰從社會狀況去解釋文學內容，認為文學是用以反映社會實況，強調內容與形式的並重與統一。

　　鍾嶸《詩品》則開創了中國古代詩論、詩評的體制。對漢至梁的五言詩加以品評，說明其優劣及師承關係，並對當時講究形式、缺乏真實內容的詩風提出批評，強調詩的實際作用，反對濫用典故及一意追求聲律。

二、古文運動

　　初唐沿襲六朝文風，駢偶對仗盛行，文章與口語之間的差距益遠，有識者已企於建立一種切於實用的散文。到了安史之亂以後，社會動盪不安，士大夫更認為過於雕飾的駢文是亡國之音，於是他們從儒家的觀點出發，強調文章的教化作用，應放棄駢體文，使用質樸的古文，因而掀起了「古文運動」。運動的主旨在提倡文章要有充實的思想內容，反對詞藻華麗的駢體文，主張恢復和發揚先秦、兩漢樸實的散文，從而形成一種新的淺易流暢的文言風尚。古文運動強調「文以載道」，認為文章具有發揚道統的神聖任務，唐代古文運動至韓愈、柳宗元而完成。

　　韓愈（768-824）字退之，世稱韓昌黎。他反對藩鎮割據，主張中央集權，堅決排佛，反對弊政，仕途倍受挫折，因而所寫的文章對當時不合理的現象也多所批評。韓愈的學術思想是尊儒排佛，文學觀念是反駢重散。他主張思想要回到古代的儒家，文體也回到樸質的散體。其論說文〈原道〉、〈師說〉，善於運用對比手法，結構嚴謹，

說理透辟，對當時士大夫的不良風氣深加譴責。韓愈散文的語言新穎生動，許多精煉的語句已經成為成語，流傳至今的例如：「貪多務得」、「細大不捐」、「含英咀華」、「佶屈聱牙」、「業精於勤，荒於嬉；行成於思，毀於隨」等[24]。另外，韓文的最大特色是雄奇奔放，長於氣勢。他善於運用偶句、排句，造成一氣呵成、氣勢磅礴的感覺。他以理論和寫作樹立了新的文章標準，從而奠定他在中國散文史上的地位。

柳宗元（773-819）學識淵博，能文工詩，與韓愈同為古文運動的倡導者，亦是「唐宋古文八大家」之一。寓言、短篇傳記和山水遊記，則是柳宗元散文中最有特色的作品。如〈臨江之麋〉、〈黔之驢〉等，採取寓言形式，諷刺當時腐敗的社會和政治，文筆鋒利簡潔。短篇傳記取材自市井細民，如〈種樹郭橐駝傳〉、〈捕蛇者說〉等篇，都是優秀的作品。山水遊記則以〈永州八記〉為代表，藉著描寫山水之樂，抒發他經常被貶，不獲朝廷重用的不滿。柳宗元散文多用短句，文字細密，刻畫精巧，詩情畫意，是山水散文的傑作。

宋代三百多年間，出現了大量的散文作家。宋仁宗時，歐陽修開始領導文壇，和他的革新政治主張相呼應，發起了「宋代古文運動」，是為唐代古文運動的延續。「唐宋古文八大家」中，宋代就占了六位：歐陽修、蘇洵、蘇軾、蘇轍、曾鞏、王安石。他們在理論和寫作兩方面並進，經過三十多年的努力，終於奠定了一代文風。

歐陽修（1007-1072）字永叔，號醉翁，晚年又號六一居士。慶曆年間，他任知貢舉，便藉科舉考試來提倡平實樸素的文風，扭轉文壇上華而不實的風氣。他的政論論文，如〈朋黨論〉、〈五代史記伶官傳序〉等，或勸皇帝進賢退惡，或申述「憂勞可以興國，逸豫可以

---

24 見韓愈〈進學解〉。

亡身」的道理，反覆論證，多次轉折，以理服人。至於散文方面，尤善於以簡練的筆墨，渲染出濃厚的抒情氣氛，例如〈祭石曼卿文〉、〈醉翁亭記〉、〈秋聲賦〉等，都是代表作品。

蘇軾（1037-1101）與其父蘇洵、弟蘇轍同為古文名家。他所寫〈留侯論〉等歷史論文，無不以議論見長，斷識明決。而其記敘文、抒情文，則結合了敘事、抒情、寫景，生花妙筆，是詩亦是散文，其中以〈前赤壁賦〉、〈後赤壁賦〉的風格最為卓著。他以「常行於所當行，常止於不可不止」來作文章，故而其文在宋代中最具特色，可與唐代韓愈相媲美，歷來有「韓潮蘇海」之稱，對後世影響極大。

三、詩詞的發達

（一）唐宋詩歌與詩人

唐代是詩歌發展史上的極盛時代，流傳至今的，就有二千二百多個詩人創作的近五萬首詩歌。唐詩之所以發達，乃是由於帝王的提倡和開科取士的鼓勵。初唐有四傑：王勃、楊炯、盧照鄰、駱賓王，他們以詩歌描寫城市和邊塞生活。而後的陳子昂更一掃齊、梁華靡無力之弊病，開盛唐詩風之先。

盛唐時期，有「詩仙」李白、「詩聖」杜甫，和以描寫田園風光著稱的孟浩然、王維，及善寫邊塞景色、英雄壯志聞名的高適、岑參、王昌齡、李頎。後期則有白居易和元稹，主張「歌詩合為事而作」，反對沒有寄託的作品，發起了「新樂府運動」。中唐時期，以韓愈、孟郊為代表的詩派，則重視藝術技巧，怪僻幽奇是他們的特點。劉禹錫學習民歌並以諷刺詩見稱，李商隱則善於抒寫愛情，杜牧

的詩歌多是諷刺時弊，有較強的現實意義。

李白（701-762）字太白，號青蓮居士。其詩出之以天才，不假雕琢，下筆千言，風格瀟灑奔放，被譽爲「詩仙」（圖2-4-1）。詩人描寫眞實的景物，卻運用誇張的手法，令人印象深刻，如「日照香爐生紫煙，遙看瀑布掛前川，飛流直下三千尺，疑是銀河落九天」。此外，他還善於運用擬人化的詩句，如「相看兩不厭，只有敬亭山」。而「君不見黃河之水天上來，奔流到海不復還」，則氣魄雄偉，才情

圖2-4-1 「詩仙」李白畫像

不可羈勒。再如「抽刀斷水水更流，舉杯消愁愁更愁」，以神化之筆，狀日常之景，而用語自然，不重格律，更是其他詩人難以企及的。在詩歌體裁方面，七言絕詩是「有唐第一人」，七言古詩也堪稱獨步。

杜甫（712-770）字子美，他流傳至今的詩歌有一千四百餘首，名篇甚多。其中大多反映了唐代盛極而衰的過程，及安史之亂前後「朱門酒肉臭，路有凍死骨」的社會情況，故而後人稱譽其詩篇爲「詩史」，又尊他爲「詩聖」。在藝術成就上，杜詩「沉鬱頓挫」的風格更是特色。如〈春望〉一詩，格律謹嚴，音節鏗鏘，情景交融，「國破山河在，城春草木深」，凝煉的字句生動地描繪了一場戰亂悲劇，是以千百年來一直膾炙人口。杜甫對各種詩體的創作皆極純熟自然，尤以古體詩和律詩最佳。而其「老去漸於詩律細」則影響後世極

大，研究杜詩亦成爲專門學問，稱爲「杜詩學」。

王維（701-761）曾官至尚書右丞，故有「王右丞」之稱。晚年幽居藍田輞川，詩作寓以畫意，筆調清新，開山水新派。傳世詩歌共四百多首，其中大部分是描寫個人的隱居生活和自然景物的田園詩。王維的詩色彩明麗，景象鮮明，如「空山不見人，但聞人語響，返景入深林，復照青苔上」，「詩中有畫，畫中有詩」，是盛唐詩壇的另一大家。

白居易（772-846）字樂天，號香山居士。爲官直言敢諫，以致屢遭貶謫。他是新樂府運動的領袖，與元稹齊名，並稱「元白」；與劉禹錫唱和甚多，故世亦有「劉白」之稱。他認爲詩歌要反映現實，言之有物，強調繼承《詩經》的優良傳統和杜甫的創作精神。其詩對當時的社會問題有相當深刻的反映，如「十家租稅八九畢，虛受君王蠲免恩」，「新樂府運動」也因而成爲中、晚唐詩歌的主流。此外，其詩歌的另一特點是喜用俚俗語言，明白曉暢，通俗易懂，婦孺能解。以〈長恨歌〉、〈琵琶行〉爲代表的長篇敘事詩，更是老幼傳誦的名篇，後世戲曲創作的素材。

北宋初年的詩歌過分堆砌典故，雕琢字句，形成「西崑體」。到北宋中葉，梅堯臣的詩旨趣清淡，當時人以爲有「晉宋遺風」。繼起的蘇軾和黃庭堅更是傑出的詩人。南宋的詩人，最傑出的則是陸游。

蘇軾（1037-1101）學識淵博，兼善書畫與散文詩詞。其詩多爲抒發個人情懷、寫景詠物，也有批評時政、反映民生疾苦的詩。而「不識廬山眞面目，只緣身在此山中」，全詩富於哲理趣味。「無肉令人瘦，無竹令人俗」，則吐語不凡，別出新意，對後世有深遠的影響。蘇軾的創作證明了北宋詩歌革新的成就，並居文壇上的領袖地位。

黃庭堅（1045-1105）工於書法，長於詩詞，與蘇軾齊名，世稱

「蘇黃」。其詩取法杜甫，特別在形式格律上用工夫，去陳反俗，用險韻僻典，所作絕句如「未到江南先一笑，岳陽楊樓對君山」等，氣骨尤高，形成所謂的「江西詩派」。

陸游（1125-1210）長於詩詞，是南宋詩人的領袖。在國難深重的年代，詩人壯志難酬，自號「放翁」，唯用悲壯激昂、宏亮高亢的詩篇，唱出「壯心未與年俱老，死去猶能作鬼雄」，表達恢復中原的雄心壯志。其近體詩成就高，尤其是七律，全篇渾然一體，時出新意，評價甚高。

（二）唐宋詞與詞家

唐代中葉以後，由於音樂的盛行，商業城市的繁榮，詞的體裁逐漸形成，成為五代及兩宋的代表作品。唐末詩人溫庭筠對詞的體製有所創建，表現技巧豐富，成為花間派詞人的鼻祖[25]。五代十國時期，西蜀韋莊、南唐馮延巳都以清婉的語句，寫淺顯的情思。南唐後主李煜在亡國之後的作品，雖是對宮廷生活的懷念，充滿了感傷頹廢情緒，但他用語清新樸素，「麤服亂頭，不掩國色」。

北宋許多文人都是承襲南唐二主和馮延巳等人的風格。當時的柳永，詞作造語淺白，不避俚俗，而高才逸氣的蘇軾，卻不滿柳永作品的風格，寫了許多意境豪放曠達的詞，一掃當時詞壇上綺言軟語的風氣。南宋初年的李清照是位傑出的女詞人，詞風婉約清新又協音律。中葉的詞人辛棄疾，繼承發展了蘇軾的豪放風格，詞作多以抗金為題材。後期的詞人姜夔，講究音律協調，字句工麗。

---

25 五代後蜀趙崇祚輯錄晚唐、五代詞十八家，共五百首，編為《花間集》十卷，以溫庭筠為首。

　　李煜（937-978）世稱李後主。他通音律、善書畫，尤工於詞。亡國之後三年囚禁屈辱的生活，使其詞作不再描寫宮廷宴樂，多為抒發亡國之痛，及對往事深沉的思念。如「故國不堪回首月明中」、「獨自莫憑欄，無限江山，別時容易見時難」等，感情真摯動人。而「離恨恰如春草，更行更遠還生」、「車如流水馬如龍，花月正春風」等，都是以清淡的描述，寫出深沉的感情。其藝術成就為五代其他詞人所不及。

　　蘇軾（1137-1101）的詞題材廣泛，不就聲律，內容豐富。如「大江東去，浪淘盡，千古風流人物」、「明月幾時有？把酒問青天」等，都是情感豪放、超塵出世之作。另「莫聽穿林打葉聲，何妨吟嘯且徐行。竹杖芒鞋輕勝馬，誰怕？一簑煙雨任平生」、「誰道人生無再少？門前流水尚能西，休將白髮唱黃雞」等等，則是行雲流水寄寓頗深之作，對後世詞的發展影響極大。

　　周邦彥（1066-1121）精通音樂，博學多才，工於詞。風格上雖繼承柳永而有所變化，將市井文人氣息一變而為宮廷士人風格。為詞格律嚴謹、言情體物雕琢典麗，在藝術技巧上有所貢獻。「并刀如水，吳鹽勝雪，纖指破新橙」、「葉上初陽乾宿雨，水面清圓，一一風荷舉」，都是語工意新的清雅之作。周邦彥的詞協律極嚴，平仄和四聲分明，不容相混，被後人奉為樂府詞壇的典範。

　　辛棄疾（1140-1207）號稼軒，南宋著名的愛國詞人。他用長調寫慷慨愛國的激情，用小令寫溫柔傷感的情緒。似「千古江山，英雄無覓，孫仲謀處。舞榭歌臺，風流總被雨打風吹去」等的豪情壯語，在辛詞中俯拾即是。而「眾裡尋他千百度，驀然回首，那人卻在燈火闌珊處」、「我見青山多嫵媚，料青山見我應如是」，寫來卻溫婉細膩，可見辛詞具有多方面的風格，足以領導一代詞壇，與蘇軾並稱「蘇辛」。

四、藝術的創作

　　魏晉藝術由於士人的自覺，故能擺脫教化，而為純藝術的創作。南齊謝赫提出「六法」[26]，有系統地評論藝術創作，以氣韻生動為創作的精神內涵。唐代張遠更主張形式的追求，應以氣韻為主。整個中古時期，藝術方面的成就，除唐三彩陶俑外，主要是表現在書法、繪畫、雕塑三方面。

（一）書法

　　書法在中國有悠久的歷史，指的是寫字的藝術。篆書、隸書、草書、行書、楷書五種書體，至遲在東漢末、西晉初即已齊備。魏晉唐宋時代，逐漸發展成為運用線條表達和諧美感的藝術，名家輩出。

　　王羲之（303-361）乃東晉書法家，世稱「王右軍」，號稱「書聖」。他筆法的領悟，據傳來自鵝嬉遊水中時，頭部擺動的美感。他的草書聖品〈十七帖〉，風格妍美流轉；而行書則秀逸俊美，用筆遒媚勁健，千變萬化。作品之中，以〈蘭亭序〉對後世影響最大，被稱許為天下第一行書（圖2-4-2）。其書法樹立了楷、行、草書的典範，亦代表魏晉南北朝書法的藝術成就。

　　李陽冰（約721-785）工於小篆，傳世名碑〈三墳記〉，現藏西安碑林，是唐代少見的篆碑，字形與秦篆不同，頗見異趣。

　　顏真卿（709-785）為中唐書法家，自幼家貧，只能用黃土在牆

---

26 「六法」指繪畫上的六個標準：氣韻生動、骨法用筆、應物象形、隨類賦形、經營位置、傳移摹寫。

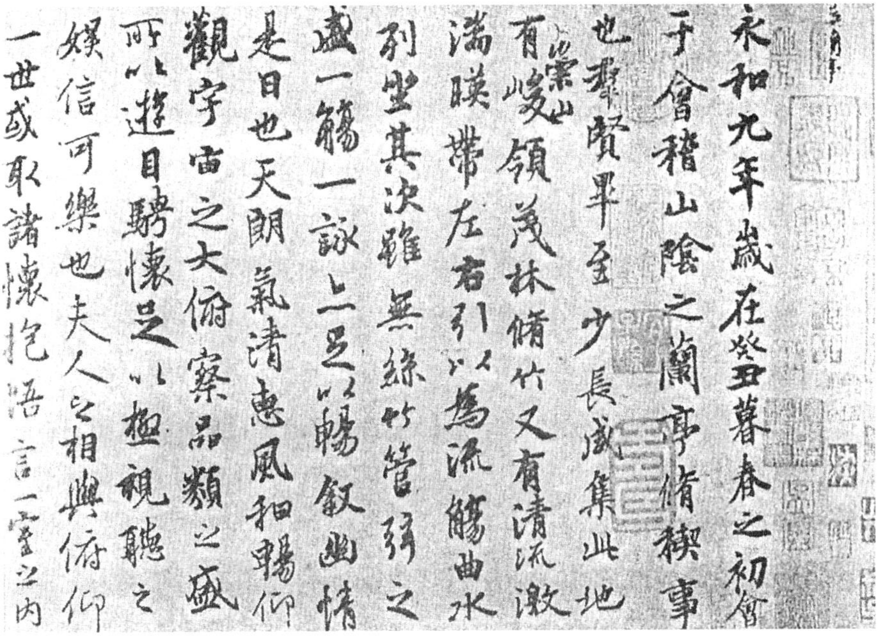

圖2-4-2 王羲之〈蘭亭序〉

上練字學畫，十分刻苦。他的書法人稱「顏體」，字體豐滿方正，筆
劃橫細豎粗，筆力厚重。成就最卓越的是楷書與行書，代表作有〈多
寶塔銘〉、〈大唐中興碑〉。

柳公權（778-865）是晚唐書法家，柳體以「筆正則心正」，骨
力清挺，筆法瘦硬，結構嚴謹，與顏真卿並稱「顏柳」，也有「顏筋
柳骨」之稱。柳公權傳世的楷書較多，以〈大達法師玄祕塔碑〉、
〈神策軍紀聖德碑〉等最著名（圖2-4-3）。

懷素（725-785）事佛之餘頗好筆墨，草書狂放不拘，與張旭同
為狂草之代表，有「張顛素狂」之稱。傳世名作〈自敘帖〉，筆意豪
放撼人，為狂草中之精品（圖2-4-4）。

當仁傳授宗主
以開誘道俗者
凡一百六十座
運三密於瑜伽

圖2-4-3 柳公權像與〈玄祕塔碑〉

（由上往下讀）
昔張旭之作也
時人謂之張顛
今懷素之為也
實謂之狂僧以狂
繼顛誰曰不可

圖2-4-4 懷素的草書—自敘貼

　　黃庭堅（1045-1105）善寫行書，尤以草書為佳，楷書亦自成一家。「宋四家」都以行書見長，獨黃庭堅的草書雄視當代，是宋代最重要的草書大家。作品有〈李白憶舊遊詩卷〉等，以及故宮所藏十七件手蹟。

　　米芾（1051-1107）世稱「米顛」。小楷墨蹟中最重要的是〈向太后挽詞〉，有濃厚的行書意味。他亦擅篆隸，常將篆書混入草意，有天縱之趣。若論筆法變化之多，有宋一代書家，當以米芾為第一。米芾傳世的名作有〈笤溪詩卷〉、〈蜀素帖〉等，流傳甚廣。

（二）繪畫

　　中國的繪畫藝術講究傳神寫意，遺貌取神。人物畫以形寫神，東晉顧愷之、唐代吳道子的人物畫可為代表。山水畫重寫意多於工緻，唐代的李思訓、王維各具特色，卓然成家。山水畫也是兩宋繪畫的主要成就，展現自然秩序的和諧與韻味。

　　顧愷之（約344-405）乃東晉畫家，能詩擅文工畫，尤長於仕女山水，以〈女史箴圖〉最享盛名。其畫線條如春蠶吐絲，緊勁連綿，「以形寫神」，史稱「畫聖」。

　　吳道玄（680-789）為唐代著名畫家，被尊崇為「畫聖」、「祖師」。他敢於大膽創新，將描畫之線條加粗加厚，同時具有立體明暗的轉折，利用這種線條表現出長裙飄帶、寬袍大袖的質感與動感，人稱「吳帶當風」。

　　李思訓（651-716，或作648-713）為初唐、盛唐之際的軍事家、畫家，世稱為大李將軍。他喜書善畫，所畫山水樹石，筆格遒勁，鳥獸草木，曲盡其妙，被譽為「國朝山水第一」。其山水畫重寫實、尚

工麗，善用青綠，雜以金色，號稱「金碧山水」，爲中國山水畫北宗之祖。

　　王維（701-761）字摩詰，唐代詩畫家。他的畫被稱爲「畫中有詩」，喜以墨色的深淺濃淡變化，表現大自然的平遠景色。他的「破墨」法渲寫山水松石，筆跡雄壯，風格開後世文人畫之先，被尊爲「南宗」畫派之祖。

（三）雕塑

　　隨著佛教的廣泛傳播，石窟藝術也在中外文化交流的情況下形成，無論是洞窟的形制、塑像和壁畫，都有傑出的成就。石窟的開鑿從東漢末年開始，到南北朝時大盛，其中以敦煌、雲岡、龍門等三大石窟最有名。

1.敦煌石窟

　　包括敦煌境內的莫高窟（圖2-4-5）、西千佛洞、榆林窟，和水峽口小千佛洞四區。早期的開鑿大致在五胡十六國、北朝時期。雕塑的重點是以面部神情，刻畫人物的內在精神。雕塑面形深目多髭、修眉鼓眼；壁畫色彩絢麗，且有露足之飛天佛

圖2-4-5　敦煌莫高窟

像，域外色彩濃厚。

　　隋代出現了同一窟中有三個高大的立像，開創窟內塑造巨像的先
例。到了唐代，多以組合群像出現，最多可達十一個。另有高達二、
三十公尺以上的巨像，而壁畫的題材也更見豐富，色澤濃豔，技巧成
熟，體形豐滿圓潤，神情莊重，具有雍容華貴之風。敦煌石窟的雕塑
及壁畫，因其時代之長、內涵之富、數量之多，形體各異，正是我國
石窟藝術的寶庫。

2.雲岡石窟

　　位於山西大同，第一期洞窟始鑿於魏文成帝和平年間，第二十窟
主尊佛坐像，臉部立體分明，衣飾褶紋以平行縱線刻劃，具有濃厚的
印度風格（圖2-4-6）。

　　第二期石窟都是雕鑿於
孝文帝時期。雕像風格逐漸
融入較多的中國特色。到了
第三期石窟，孝文帝遷都洛
陽以後，大部分造像都是面
容清瘦，長頸削肩，衣紋重
疊繁複，穿著寬衣博帶的漢
族服裝。顯然雲岡三期石窟
雖各具特色，但整體上是朝
著中國化的方向發展，愈到
後期，漢化的藝術風格愈加
明顯。

圖2-4-6　雲岡石窟第二十窟主佛及東立佛

3.龍門石窟

位於洛陽的南郊，開窟鑿像始於北魏孝文帝遷都洛陽前後。特點是洞窟多，雕像多，題記亦多，堪稱一絕。奉先寺是龍門石窟中規模最大的露天石窟，主佛盧舍那佛高十七餘公尺，面容豐滿圓潤，莊嚴典雅，修眉長目，嘴角上翹，微露笑意，是唐代藝術的傑作（圖2-4-7）。

圖2-4-7　龍門石窟奉先寺盧舍那佛

龍門石窟地處中原，是外來佛教藝術和漢族傳統藝術互相交流的所在，也是研究中國雕塑、繪畫、建築、裝飾圖案的最佳來源。

研究與討論

1.魏晉文學不以致用載道為目的，傾向形式唯美，接近自然，其因何在？

2.試列表整理唐詩與宋詩的代表大家。

3.唐代古文運動是復古運動或是革新運動？

4.宋詞中，你最欣賞誰的作品？請說明理由。

5.魏晉的佛像雕刻與臺灣佛像的雕刻有何異同？

第三章　宋元明清時代文化的成就

　　佛教在東漢傳入中國，到了唐代已經中國化，因此促成宋初儒、
釋、道三種學術匯流成理學。宋元明清時代的文化成就，表現在理學
的發展及考據學的形成等方面。宋代理學的發展，全賴宋代大儒朱
熹、陸象山等學者之推動；清初因爲政治背景的影響，宋代理學一變
成爲完全不同的考據學。所以，宋元明清時代的學術發展，在中國文
化的發展上，位居一個轉變的階段。本章先從社會經濟的新發展談
起，其次介紹宋元明清時期的科學與技術，最後則討論學術思想的演
變。

第一節　社會經濟的新發展

　　唐代中葉以前，中國經濟文化之重心偏倚在北方，自安史之亂以後，中國的經濟文化重心開始轉移至南方。因此，宋元明清時代文化的成就，多呈現南重北輕的現象，人才大多出自南方，人口的成長也以南方為主，故在南方因商業的發展而興起許多新城市，商人的財富愈來愈多，因此，他們開始有機會透過經濟力量來提升自己的政治地位，而商業城市的興起，不但改變了市民的生活，也影響到社會階層的轉變。

一、南北經濟文化的轉移

　　經濟和文化中心的南移，是中國歷史發展的趨勢之一，這一趨勢自東漢末年中原的戰亂開始，經過兩晉的五胡亂華、唐末藩鎮之禍，到金人入主中原，南宋偏安江左，南方就成為中國經濟與文化的重心；宋代以後，嶺南、雲貴等邊區也因為經濟、文化中心的南移，而逐漸開闢。中國南北經濟文化的轉移，主要有二大原因：

（一）黃河與北方的水患

　　由於唐代安史之亂以後，藩鎮割據，加上五代時期的長期兵爭，使黃河下游兩岸水利失修，因此河床時常遷移。到了宋代，雖然花了許多的財力修治，仍然不見功效，致使宋代以後河患不絕。隋唐時期雖致力運河的開鑿，但其目的在於漕運，對於北方原來水利有損無益；至元明之會通河直貫南北，更是逆自然之地形，因運河而牽連損

害其他旁近之水系，不但耗費巨資，而且「鑿者不勝淤，築者不勝潰」。

（二）北方社會飽受外族及惡政之摧殘

唐末以來，中國北方即長期陷於兵災之中，又飽受外族之摧殘，尤其金人統治中原時，其屯田兵使北方農村受害極大。到蒙古入主中原時，軍隊到處殘殺，北方人民戶口更因此頓減。元末北方已顯殘破之象。明興後北方稍見復甦，但明承元制，盛行賜田，亦為害北方農業之進展。清人入關之後，到處圈地，更使北方再無恢復之機會。

相對於北方的殘破，南方則日見發展。尤其在長江下游江浙一帶，有大規模的圩田及河塘，但宋朝建立後農政不修，因此，江南圩田、浙右河塘大半隳廢，而失東南之大利。還好宋代文化日高，人才輩出，有學者不斷注意、提倡，故能維持南方之水利與農事。到宋室南遷，江南的開發更見迅速。根據文獻的記載，南方曾有數百年不見水災，因此有「蘇常熟，天下足」的諺語出現。

中國南北經濟文化之轉移，以漕運、絲織業、陶業、政治區域之畫分、戶口之升降、南北方人才的消長等項的變化最明顯。早在唐末，朝廷的財政命脈即偏倚南方。北宋定都汴京，主要原因就是為了遷就漕運，國家財賦大部分偏倚南方；到了南宋，南方歲收更超出北宋之上。元代建都燕京，米粟依然全賴江南，因此，元代政府發展海運以利江南財賦往北運輸。明代的漕運則有大幅度的改變，在明代河運兼用水陸，會通河開鑿之後，支運興起。清代國家財用、米糧亦大多來自南方，因此，明清兩代糧食由南北運，變成國家每年一次的大耗費。

宋以前民間重要蠶桑織作以北方為盛，汴京錦織尤為有名，宋金對峙之後，宋歲幣以銀絹分項，可見絲織品已漸漸形成北仰於南的情況。元代北方還有大規模的種桑區域，到了明初南北兩地所納絹稅數，已出現三比一的境況。清代時期，織造只有江寧、蘇州、杭州三地，由此可見南方絲織業之盛。陶瓷業原是北方農民的一種副業，宋代時期，精美著名的陶業多在北方；但是到了元明時期，最好的磁器全由江南一帶製造。

政治區域的畫分自唐末開始，就呈現南方分割精細，北方則有併的現象，故宋代北方戶口遠遜於南方。根據史料記載，宋神宗、哲宗時期，淮漢以南戶口大約占天下三分之二。元代南北戶口數之比為十比一；明代布政司，南方有九個，北方只有四個。戶口數也是東南日漸增進，西北日益凋落。明代西南各省的開發及南海殖民的進展，都是南方繁榮的證明。

經濟重心的南移，使得南方人逐漸富裕，於是有機會讀書，促成北宋中期南方經世致用新儒學的發展，像范仲淹、歐陽修、王安石等人，都是新儒學發展中的代表人物，由於他們在政治上的地位，帶動了宋代的政治改革運動，他們提倡興學、獎掖士人，使得中國的傳統文化更加普及、深入民間。再者，因為南方人才漸多，北方文風又逐漸衰退，從科舉出身的仕途逐漸為南方人掌握。北宋時期，南人考進士，人數又多，北方人考明經，但人數少，政府不得不限定南北名額以求平衡。元代亦有南盛北衰的現象；明代在科舉考試上，一樣訂定南北取士名額。這種人才偏於南方的情況，從宰相的籍貫上也可以見到，宋代中葉以後，宰相大都是南方人，而明代宰相有三分之二是南方人。

二、商業繁興與市民生活

　　宋代是中國經濟史上的一個轉換期，北宋的統一使五代以前的莊園經濟開始改變，全國形成一個經濟體系，因此各地的專業生產隨之發展，加上社會上對商品需要的增加，及消費人口增多，提供廣大的市場，這些都有助於推動宋代商業的進展。銅冶工業發達，貨幣供給增加，促使貨幣經濟完全取代自然經濟的地位。經濟生活高度發展，在國內出現了開封、杭州等繁榮的大都市；而且「行會」[1]也開始發達起來，宋代幾乎每種行業都有行會。沿海對外貿易方面，以廣州最發達，由宋代錢幣流通的範圍東迄日本，西至西亞及非洲東岸，形成一個廣大的經濟圈，可見宋代商業貿易發展之情況。元代商業持續發展，到了明代，社會上的生產力日益升高，因此商業更為蓬勃發展。在海上貿易方面，明初雖然實施海禁，但仍允許外國商船遠來進行「朝貢貿易」，明中葉以後，國勢不振，海禁廢弛，因而海上貿易重新熱鬧起來。明清時代，因商業的發達，在坊間出現許多供商人自修或用作指南的「商業書」，這種商業書除了詳細載明行旅路程、風土民情之外，還載有關於交易所需的知識。此外，從嘉靖以來，商人的組織愈來愈嚴密，行會發達，促使行會的會館也次第出現。商業的發展，造成商業城市的出現，這些新城市一反舊時里坊制，城中居民可以任意面街造屋開門，城中不再有宵禁，商店可以移到街頭（圖3-1-1），面臨大街。從此各城市商業店舖，不分晝夜，自由買賣，不論場所或時間，再也沒有限制（圖3-1-2）。

　　北宋時期，士、農、工、商、諸工、百戶之衣巾裝著，依其社會

---

1 行會，即商人的同業組織。

圖3-1-1 清《姑蘇繁華圖》（局部）：本圖可見江南水路航運業的繁榮

圖3-1-2 宋代飲食市場圖

地位尚有等差分別；到了南宋時，則異服奇巾，任人衣著。新年、佳節，無論城鄉之達官貴人、市儈、農家，人人穿新衣戴首飾，飲酒、歌舞。由於宋代兵農分業，工商業發達，因此社會生活更為自由平等活躍。當時汴京、開封、臨安等處「瓦市」遍地，自天子以至庶人皆及時行樂，都內除住宅區外，幾全為商場，舊時之里坊被打破，開始有新城之「廂制」及城外之「草市」[2]，再無坊里之分隔開閉，故名之曰「瓦子」。「瓦子」是「草市」中最熱鬧區域，有雜技場、茶館、酒樓與露天攤賣街市。宋元時期，因為工商業的發達，社會繁榮，一些因應市井小民需要的俗文學蓬勃發展，因此雜劇、話本紛紛問世，以提供貴族、市民娛樂、休閒。

三、科舉制度的演進

宋代的科舉基本上沿襲唐制，並在唐制的基礎上發展出以下六項特色：一是多科併為一科，宋初科目比唐時還多，除明經、進士外，另有十多個科目，王安石變法時，併其他科目為進士一科；二是考試內容側重經義；三是考期定為三年一屆；四是進士分列等級；五是殿試成為定制；六是設鄉舉一級。此外，為了考試的公平，宋代科舉考試還定有彌封及謄錄法。彌封就像現代的指考一樣，考試時先將考生的姓名封掩，等閱卷結束後，再將卷子打開。謄錄則是考生交卷後，官方先命人照原卷謄錄一遍，以防閱卷者認識應考人的筆跡，予以偏坦，影響考試的公平性。宋代南渡之後，偏重進士，但是考試內容，

---

2 草市，即城垣外的商業居民區。

則應實際需要而分爲經義、詩賦兩科。

元代則因蒙古人的特權，科考時，蒙古人、色目人爲一榜，漢人、南人爲一榜，易難不同，授官有別。明清時代，科舉制度更加嚴密、完備。考試固定分爲院試、鄉試、會試三級，分別錄取秀才、舉人、進士，考試內容以八股文爲主。考上進士者，再參加由天子主持的「殿試」，品定其名次，分爲一、二、三甲三等，一甲只取三名，第一名叫「狀元」，第二名叫「榜眼」，第三名叫「探花」，都賜「進士及第」；二甲人數不定，都賜「進士出身」；三甲人數也不定，都賜「同進士出身」。三年一大比，這是常制；此外，清代有時候會在國家慶典時，增加一次科舉，稱之爲「恩科」。進士出身，叫作「兩榜出身」，舉人出身，叫作「一榜出身」，統稱「科甲出身」，這是明清兩代讀書人公認最榮耀的仕途，亦即所謂的「正途」；此外，尚有其他途徑可以做官，例如捐班、恩蔭、雜佐等等，屬於「異途」。

四、社會階層的轉變

從唐末五代至宋代末，北方時常受到外族侵略，中原人口不斷向南遷徙，這種大規模的國內移民，推動了南方經濟和文化的發展，南遷的人口包括各種階層及行業，他們的南遷改變了當地的戶口型態，促成南方生產技術的改進。再者，北方人的風俗習慣也影響到南方人的生活，使南北方的風俗出現新融合。

宋代注重文治精神，因此士人享有崇高的社會地位，至於一般庶民階層，則包括農民、商人和工匠。但因當時租稅、力役負擔過重，

所以庶民常常依附於地主，造成佃戶增多的現象；此外，還有賤民階層。

元代將人民分為蒙古人、色目人（西域人）、漢人（契丹、女眞、高麗人及金曾統治過的漢人）、南人（南宋人）四等。這四等人在政治、社會及各方面的待遇都不一樣。同時，爲了固定各種戶口的職業，以便控制，元代依不同的職業而規定不同戶籍的戶口。當時全國人的職業分爲官、吏、僧、道、醫、工、獵、民、儒、丐等十類。

明太祖建國定制，爲了尊重仕宦，規定禮法，嚴士庶之別，官員和平民，不論冠服、輿馬、僕從、婚喪、祭祀及居室、器用、生活等，均有嚴格的規定。有功名的進士、舉人都可以享受到與庶民不同的一些特權，這些人與告假在籍的官吏，及解職、致仕或候補的官員，在當時統稱爲鄉紳或鄉官。從社會地位看，士人階級之下就是庶民階級，有良賤之分，良民包含諸色戶籍。明朝的戶籍有軍籍與民籍的分別：軍籍戶，世服兵役；民籍爲一般百姓，但有醫（世業醫生）、匠（造作營建）、灶（專司煮鹽）、陰陽戶（世業卜筮）等諸色戶。

商業發達，商人賺錢容易，因此社會地位跟著提高，社會上對商人的觀念也開始改變。以往士大夫不恥與之爲伍，對商人總是抱著輕蔑的態度，但是宋代之後，士大夫也開始兼營工、商業，過去重農抑商的情況有了變化，「市井子孫不得仕宦爲吏」的規定已被商人打破，富有的商人和他們子孫可以花錢買官，或者透過結交權貴而謀得一官半職。明清兩代的商人多，因此，整個社會對商業及商人的態度發生更徹底的轉變。像山西人的觀念大抵以經商爲人生最高理想，這與過去中國人視科舉入仕爲人生唯一目標的情況大爲不同；甚至有人將經商的成果，當成讀書入仕的經濟基礎。

由於社會經濟的發展，社會流動量大增，使特殊戶與民戶的差異

日漸縮小，到了清初，不但取消特殊勞役戶之世襲，還解放了賤民。此外，在宋元時代，地主與佃農之間仍有主僕名義；但是明清之初，佃農、僱工的地位上升，不再有主僕名義，在法律上同享有平等地位。

研究與討論

1.請簡述南北經濟文化轉移的原因。

2.舉例說明宋代市民生活的情況。

3.試比較科舉制度與現代國家考試之異同。

4.試述元明之間社會階層轉變的情形。

5.試述宋元明清時期，商業發展的情況。

第二節　科學與技術的發展

　　中國古代的科技，自先秦時期的開創，經過秦漢隋唐時期的改善與進步，發展至宋元明清時期已經相當發達；尤其宋元明清時期，經濟、商業的繁榮，提供科技發展一個絕佳的環境，因此各方面都有長足的進步。現將印刷術、天文曆算、醫療、農學、造船及礦冶等六項成果分述於下：

一、印刷術與書籍的傳布

　　中國古代的印刷術可溯源至隋朝時的雕板印刷，雕板是把寫好的薄紙反貼在木板上，再把無筆劃的地方用刀鑿去，這樣就做好一塊凸出反字的印板，印刷時只須塗上墨，蓋上白紙，以小刷子或棉棰輕輕刷製紙背，黑色的正字就清晰地印在白紙上。當時流行的佛經及經書史籍，都是利用這種雕板印刷術印製的。雕板印刷術雖然有利於書籍的傳布，但是雕板印刷費用大，且費工費時，刻一部書往往須花幾年的時間；而且木板刻錯了不便修改，加上一部書的木板數量多，既難放置又易遭蟲蛀、變形或損壞，所以到了宋仁宗慶曆年間，畢昇發明了活字印刷（圖3-2-1）。畢昇用膠泥來刻字，每一字刻完，便用火將之燒硬。排板前，先在有框的鐵板上，塗上一層混合著紙灰的松脂蠟，然後稍爲熔化，再用平板壓平字面，泥字固著在鐵板上，就可以像雕板一樣印刷。這種活字印刷隨時可以汰換錯字，且製板迅速，每次印完一頁就可以將板拆卸，把字模有秩序地排放回木格子裡。

　　到了元代，農學家王禎發明了木造活字模，他先在木板上刻字，然後逐字鋸開修整一致，就成一個一個的活字模。木製活字模可以

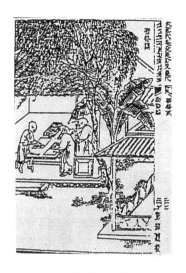

圖3-2-1　活字印刷的工序

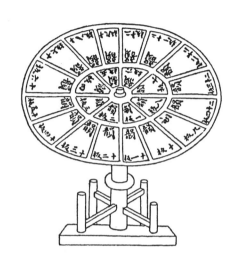

圖3-2-2　轉輪排字盤

克服膠泥易碎及上墨不勻的缺點。爲了工作方便，他又發明「以字就人」的轉輪排字盤（圖3-2-2），木字按古代韻書分類，分別放在字格裡。排板時，在木框內排字，每一行間隔用竹片塞緊後印刷，來提高印刷效率（圖3-2-3）。元成宗大德二年（1298），王禎使用這種方法試印六萬字的《旌德縣志》，不到一個月便印了一百部，可見這種木活字印刷術的便利與快速。因此，明清兩代非常流行，當時曾利用此法印成《武英殿聚珍版叢書》一百三十八種。明孝宗弘治年間，無錫、蘇州、南京一帶開始盛行銅活字印刷。清代所編的《古今圖

圖3-2-3　王禎木活字印刷程序的想像圖

書集成》就是用銅活字印刷而成
的（圖3-2-4）。由於活字印刷術
的發明與演進，中國古代書籍的
傳布及文化的傳播才能更快、更
廣。

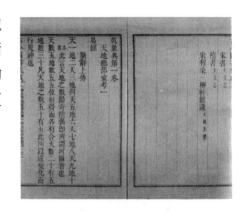

圖3-2-4　《古今圖書集成》書影（清雍
正四年（1726）內務府銅活字
印本）

二、天文曆法的進步

　　兩宋時期，由於文化的發
達，天文方面的工作，多偏重
在製造大型儀器和進行全天性恆星的觀測。例如，宋哲宗元祐四年
（1088），蘇頌、韓公廉設計製造水運儀象臺（圖3-2-5），高度相
當於四層樓房，利用漏壺流水來轉動一套齒輪，使儀器經常保持一
個恆定的速度，和天體
運動一致。這是一座結
合儀、象、鐘的大型儀
器，既能演示天象、觀
測天象，又能計時、報
時。南宋時，天文學家
黃裳做了世界最早的
一幅石刻星圖。宋元時
期，最偉大的天文數學
家郭守敬為了製曆，在
全國二十七個點上測量
日影長短，才制訂了

圖3-2-5　水運儀象臺

《授時曆》，這是我國古代最優秀、使用時間最長的曆法。明初由於禁止民間私習天文曆法，因此天文學不太發達，到了萬曆年間，西方傳教士東來，對我國天文科技的發展造成重大影響。崇禎二年（1629），徐光啓等人引用西方製曆方法，編成《崇禎曆書》。清朝建立時，頒行《時憲曆》，即根據《崇禎曆書》改名的，這部曆書一直沿用至清末。

三、醫療的發達與著作

宋代由於活字印刷術的發明，醫學著作大量出版，因此醫學知識更爲普及。由於疾病的流行，政府非常重視醫療，尤其是關乎社會大眾的醫療設施，因此，宋代官方設立的醫療機構表現出普遍化及大眾化的傾向[3]。神宗熙寧九年（1076）設太醫局熟藥所，後又增設七局，這些官方藥局主要按方配製和出售成藥。局內有專人值宿，政府並規定凡遇急病不能及時賣藥的要「杖一百」，陳舊藥品須及時毀棄，遇到貧困之家及水旱疫癘要免費施藥。南宋理宗淳祐七年（1247），宋慈著《洗冤集錄》，把醫學原理應用到刑法的檢驗上，不但開創了中國的法醫學，同時也是世界上最早的一本法醫學著作。

中國古代的醫學，到了元代，分科更爲精密、完整。由於中國與歐亞之間交通發達，因此阿拉伯醫術傳入中國，當時朝廷設有回回廣惠司，在眼科和穿顱術方面，頗具特長。此外，元代的醫學人士又提出新的醫學理論，形成四大醫學流派：劉完素主張治病應用涼藥，提

---

3 宋代的醫療機構除了官藥局外，還有翰林醫官院、太醫局等。翰林醫官院主要負責「本草」的增訂、醫書的編纂、明堂圖（即經絡圖）校訂，與人體模型的鑄造；太醫局則主持官方的醫學教育。

出一套治療熱性病的方法，後人稱之爲「寒涼派」；張從正治病著重汗、吐、下三法，人稱「攻下派」；李杲治病重視脾胃，故人稱「補土派」（或稱溫補派）；朱震亨治病多用滋陰降火，人稱滋陰派（或稱養陰派）。

明清兩代醫家輩出，著作豐富，並且沿襲前人醫學和藥物學的成果繼續研究，其中最重要的醫學和藥物學的集大成著作，有明之《普濟方》、清之《醫宗金鑒》及李時珍的《本草綱目》。李時珍研究自《黃帝本草經》以來的二十多種有關本草的著作，又親自赴河南、河北、江西、江蘇、湖北、安徽等地，實地調查、蒐集藥方、採拾標本，同時並根據自己一生在行醫、用藥中，對藥性的實際體驗，綜合寫成這部集藥物學大成的巨著──《本草綱目》。《本草綱目》一書共分52卷，記載藥物1892種、醫方11096方，及圖譜1111幅。《本草綱目》對所載的每一種藥物，一般都記上名稱、產地、型態、採集方法、性味、功用，及炮製方法等，並一一指出以前本草書中的錯誤，使後人對藥物學有更深入的了解。

明末耶穌會教士東來中國時，則藉著治病施藥作爲傳教的手段，他們一方面行醫，一方面編譯了許多西方醫學著作，因此西醫開始傳入中國。

四、農學的研究與著作

南宋後的百餘年間，中國古代的農業科學有很多的發明創造。南宋高宗紹興十九年（1149），陳敷以親身體驗，研究江南水稻區的農業技術，寫成《農書》一書，是我國現存第一部專門討論南方水稻區農業的專著，不但涉及秧田與育苗問題，同時有系統地討論土地的

利用與肥料的使用。元代王禎的《農書》是另一部農學巨著,全書共分三個部分,第一〈農桑通訣〉乃農業總論,全文概述中國農業發展的歷史,並比較南北地區,旱地和水稻耕作方法與生產技術的異同。第二〈百穀譜〉主要敘述各種農作物的栽培技術、保育及儲藏利用的方法。第三〈農器圖譜集〉是全書的重心,占全書的五分之四,其中繪圖三百〇六幅,記錄了當時通行的農業機械,並復原繪出古代已經失傳的農業機械。王禎《農書》

圖3-2-6　徐光啓與利瑪竇談道圖

的另一項貢獻是把農家月令的重點,濃縮在一小幅〈授時圖〉中,對農民四時耕作頗爲實用。

明清兩代屬於小農經濟,因此農業發展較爲緩慢,農業著作以明末徐光啓的《農政全書》最具代表性。徐光啓在義大利耶穌會教士利瑪竇東來中國傳教時(圖3-2-6),即從利瑪竇學習天文、曆算、火器等西學,爲當時了解西洋文化,並掌握應用西洋文化的先驅。

《農政全書》是徐光啓一生的代表作,這本書匯集了他一生的科學知識,全書共六十卷,輯錄了歷代有關農業生產、農業政策的經史典故及諸家議論、歷代土地制度、古代農家對於田制的論述,及其個人的見解。書中內容包括農本、田制、農事、水利、農器、樹藝、蠶桑、牧養、開墾、造屋、家庭日用、荒政等十二部分。《農政全書》可說是一本集中國古代農業科學大成的著作。

　　《農政全書》有系統且集中地敘述屯墾、水利工程和荒政三項，則是本書的另一特色。

　　由於明末清初，政治、經濟發生劇烈變動，使得許多知識分子隱居田園，參與農事，他們不但親自經營管理，而且紛紛撰寫農書，因此農學著作激增。根據統計，明清時期的農書就有三百多部，占中國古代農書總數的五分之三。

五、造船與航海技術

　　宋元時期的造船業，沿續前代已奠定的良好基礎。北宋汴京有專門負責造船之機構──「造船務」及「南造船務」，兩宋各路廂軍中也多有造船機構。官設造船場，年造船量都在二、三百艘以上，有的更多達一千三百艘。宋代海船，大者載重數萬石（圖3-2-7），載員數百人，可裝載一年所需的口糧；其舵長三至五丈，一般海船大多十三艙、雙桅，因水域不同有尖底、平底兩種。宋人造船、修船已開

圖3-2-7　海船圖

始使用船塢，南海船材用鐵黎木，泉州用杉木，高麗海用松木。除戰船外，不使用鐵釘，只用竹釘及繩。船型則是混合了湖船底、戰船蓋、海船頭尾的新船型。

元代漕運雖然很發達，也曾二次東征日本，但是使用船隻多從民間徵調，官家造船不如往昔。

明代主要的造船廠有淮南清江、南京龍江（圖3-2-8），及山東北清河等規模宏大的造船廠，當時的造船量每年多達三千多艘；船的名稱因地域、造型和用途而不同，有三十多種。明代在鄭和下西洋時，大規模建造海船──「寶船」。鄭和的寶

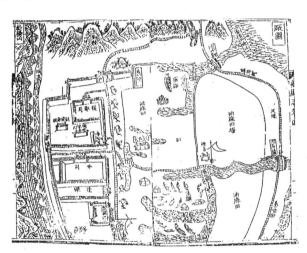

圖3-2-8　明代龍江船廠圖

船，最大的長四十四丈（約一百五十公尺），闊十八丈；中型船長三十七丈，闊十五丈；小型船也有十三丈。船的桅桿大者九桅，小的兩三桅。鄭和每次下西洋都是帶領整個船隊，船隊有寶船、馬船、糧船、坐船、戰船等不同用途的船，各自擔任不同的任務，可見當時造船技術的進步。

至於近代的汽船，直到清末才由馬尾造船廠製造出來。

在航海技術方面，中國早已掌握先進的航海技術，像使用羅盤、計程法（計算航速和航程的方法）、測深器（一般是用長繩繫結鐵器以測深的器具）、牽星板（圖3-2-9）、針路的記載及海圖的繪製

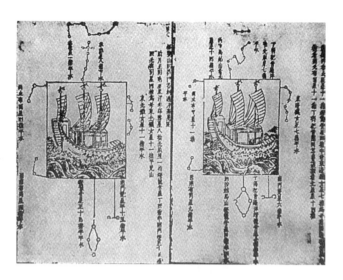

圖3-2-9　過洋牽星圖

等。大約在元代，已能觀測星的高度來定地理緯度，這種方法稱為
「牽星術」，所用的工具是牽星板，而明代所指的牽星是牽北極星。
海上航行完全依靠指南針來導航，船上設有「針房」，放置羅盤針，
並有專人掌管。同時，把導航經驗編成「針路」，作為海上航行的重
要參考。

研究與討論

1.試述活字印刷術的優點。

2.試論宋代醫療發展的特色與成就。

3.試述《農政全書》的重要性。

4.試論宋人在造船方面的特色。

第三節　學術思想的演變

　　宋元明清時代的學術思想，以理學的發展及考據學的形成最重要，宋代理學的開啓可上溯至隋唐時期。隋唐時代的思想家受到佛、道很深的影響，直到唐朝晚期，儒學才有復興的跡象。到了北宋時，儒學的復興成爲讀書人的使命。由於儒學曾經中斷過很長的時間，宋代的儒學與先秦兩漢的儒學產生很大的歧異，爲了有所區別，後人將宋代以後的儒學稱爲「新儒學」或「理學」。

　　理學的發展，全賴北宋五子及朱熹、陸象山等學者之推動，陸象山的理論到了明代經過王陽明的發揚，形成心學一派，於是宋代所開展的理學，遂演變成朱熹理學與陸王心學二大派。宋元明清時代學術的發展，得民間書院之助頗大，當時一些大學者像朱熹等，都是透過書院傳播他們的學術思想，因此書院對中古時期學術的發展上，有莫大助益。滿清入主中國之後，多方壓抑文人學者之學術思想，又屢興文字獄，迫使研究理學的學者開始轉而研究考據學，不再碰觸義理之學。考據學從清初草創到乾嘉時期達於極盛，主導清中葉以後學術的發展。茲將宋元明清時代文化成就分述於下：

一、理學的形成與發展

　　宋代理學的興起，主要是因爲社會的需要，以及儒學受到佛教、道教的影響。唐朝時的儒學大受佛教影響，許多士人成了佛教信徒，同時自創宗派，自建新的體系，當時佛教開始中國化，中國思想也開始佛教化。因此，正統的儒家學者[4]提出道統觀念，希望恢復師道尊

4　例如韓愈即是，他指斥佛教破壞倫理，無益生產，並提出道統觀念，恢復師道尊嚴。

嚴，以挽救傳統文化的危機。他們的努力雖然不受時人應有的重視，但是在文學方面卻開啓了唐宋時期的古文運動。到了宋代，學者開始針對前朝的缺失加以改進，並大力推動講授儒學，但這時的儒學已是儒、釋、道三種思想融合爲一，成爲理學（一稱道學），探究的是萬物一體的道理，強調「民吾同胞，物吾與也」的精神。並且提倡時人注重修養，遵行「格物、致知、誠意、正心、修身、齊家、治國、平天下」的規律，以師道自任，重新樹立了理學家的典型。

　　宋代理學有濂、洛、關、閩四大派。濂派以周敦頤爲代表，他是道州人，居濂溪（圖3-3-1）；洛派以二程（程頤、程顥）爲代表，他們是洛陽人；關派以張載爲代表，他是關中郿縣人；閩派以朱熹爲代表，他是婺源人，曾講學於閩。

　　周敦頤（1017-1073）是宋代理學的開山祖，對儒學理論的貢獻最大，當時學者稱之爲濂溪先生。他對儒學的貢獻在於著《太極圖說》，利用陰

圖3-3-1　周敦頤像

陽、五行、動靜等觀念，簡單說明宇宙、萬物的生成，及個人在人世上如何安頓自己。又提出「主靜、窒欲」等觀念，爲宋代理學奠定了新方向。此外，他根據《易經》及《中庸》的內容辨明儒佛之異，並提出「內聖外王」的理論，要人注重行爲和實踐，以聖賢爲榜樣，立志貢獻自己的力量給社會人群。

　　程頤（1033-1107）（圖3-3-2）、程顥（1032-1085）（圖3-3-3）兄弟對「理」的見解並不一致，程顥所說的「理」即自然的趨勢，它是與事物同在的，人必須在人生修養方面下工夫，行事才

能事事合乎天理。程頤性情嚴肅，一絲不苟，力求做到聖人地步，他所說的「理」是一種概念，離物存在，人性本善，只要率性而行，自然可以合乎天理。程頤、程顥兄弟意見的分歧，使理學後來分成著重於「心」和著重於「性」二派。

張載（1020-1077）（圖3-3-4），學者稱之為橫渠先生，他主張變化氣質，歸本返眞，是北宋儒家學者中最能將理想與行動合而為一的學者。他提出「為天地立心，為生民立命，為往聖繼絕學，為萬世開太平」的理想，這種理想就成為當時儒者之使命。

二、朱陸思想與陽明學說

朱熹（1130-1200），字元晦，學者稱他「晦庵先生」（圖3-3-5），其學派被稱為閩學，他在仕途不得意後致力於講學，主張變化氣質，「居敬窮理」是主要的修養方法。要做到「居敬」，即無事時不為物欲所誘，有事時不忘道義；再者，要做到「窮理」，即推究天下萬事萬物的究竟。朱熹把「理」推之

圖3-3-2　程頤像

圖3-3-3　程顥像

圖3-3-4　張載像

於社會歷史，認為「五常」、「三綱」都是理的流行。他一生致力於著述與講學兩樣工作。他本人言語、行動、居家、處事都有規矩，講學時最重循序漸進。由於他的努力，使新儒學「生活化」、「宗教化」。理學的系統到了朱熹才算完備，他可說是宋代理學的集大成者。

陸九淵（1139-1192）（圖3-3-6），字子靜，號象山，出身於一個九世同居的貧窮大家庭，是一位自學成功的學者，他把儒家思孟之學與佛教禪宗結合，特別強調「心」的作用，所以被稱為「心學」。陸九淵不同意朱熹所主張從外物中去窮理，而認為理和物都存在於人心之中，他說「心即理」，要了解宇宙的真相，不用向外尋求，只須向內探索，「發明本心」，就能夠認識一切。

圖3-3-5　朱熹像

圖3-3-6　陸九淵像

陸九淵認為，人心本來是善良的，由於物欲蒙蔽而昏迷，要格除物念，才能使人心恢復清明。人本心就有仁義禮智，按本心去做，自然符合道德。陸九淵主張治學最重要的是堅定政治立場，即「尊德性」。由於朱熹與陸九淵二人的主張完全不同，所以當他們在鵝湖相會時，陸九淵強調自己的方法「簡易」，譏笑朱熹的方法「支離」。

明清時期，學術思想由程朱
理學及陸王心學主導。王指王守仁
（1472-1528），號陽明（圖3-3-7），
浙江餘姚人，他的學說直承陸九淵，
後人合稱其學派為「陸王心學」。王
守仁認為天地萬物都是人主觀意識下
的產物，提出「心外無理」的觀念，並
提倡「致良知」，主張「知行合一」，
「知」主要指道德觀念，「行」主要
指道德行為，行就是知，知就是行，
二者即一。王守仁反對朱熹的「先知
後行」，他認為人先天就擁有一切知
識，不需要向外求知的過程，只要透過
「行」就可使「良知」顯現出來。

圖3-3-7　王守仁畫像

三、宋元的書院制度

宋代是中國教育史上極為重要的時代，主要原因在於當時印刷
術的普遍應用，使得讀書人口大增。讀書人口既然增加，官立學校不
足，且不能滿足一般人求學的理想，因此書院就成了當時唯一的出
路；此外，世亂失學及禪林精舍的影響等，都是促成宋代書院產生的
原因。至於南宋書院興盛，則是因為官學經費的困難、官學的敗壞、
當時崇儒風氣的影響，及讀書人對於禁道學的一種反動。

書院是宋代最盛、最新型的學校。北宋著名的書院有江西廬山白

鹿洞書院、湖南長沙嶽麓書院（圖
3-3-8）、河南登封嵩陽書院、河
南商邱應天書院。

　　早期書院都是私人所辦，後
來演變成私辦公助或官辦。書院一
般都有固定的學田作為經費來源，
有一批私人捐贈或國家頒賜的圖書
作為教材，有聘任的教學和行政管
理人員，並訂有學規來規範學生生
活習慣、言行舉止。主持人稱山
長、洞主或堂正，還有副山長、助
教、書講等。教師多是當時名流學
者[5]。

圖3-3-8　嶽麓書院

　　書院最值得稱述的是講學制
度，一般書院的教學都具以下特點：1.教學與研究結合，不少書院往
往是一個地區或某個學派的學術中心；2.經常有不同學派的學術交
流；3.注意獎掖後進；4.既讀經也學文史，既讀古籍也讀當代著作；
5.強調創新，鼓勵獨立思考。這種追求學問、道德的眞誠精神，是書
院最吸引人之處。

　　書院普及之後，變成私人教育的主流，它成功地把理學家的思想
播散出來，重新奠定儒家在中國思想上的地位，並以書院為基地，形
成一代學風。書院中的學者特別注意義理的闡發，對中國古代學術文
化的發展有很大的助益，但易流於空疏而脫離實際，因此，從書院學

5　宋代書院在招收學生時，不問家庭出身，因此只要有心向學，都能進書院學習。

習出來的知識分子常常有退避、畏縮、謙讓的習性，而缺乏進取的勇氣和決心。

　　元代書院的基本精神，是建立在士人不仕於外朝的信念上，書院的制度則以「官學化」為其特色。到了明清時期，書院仍繼續發展。由於自由講學、議論時政風氣，及不同學派的自成體系對統治者不利，於是屢遭禁限，明代嘉靖、萬曆、天啟年間，曾先後發生四次禁毀書院事件，最嚴重的一次發生在無錫東林書院。當時東林書院的主持人顧憲成等人，崇尚氣節，相聚諷議朝政、裁量人物，因此遭到宦官魏忠賢的陷害，全部被誣為東林黨人，並矯旨鎮壓，東林書院的學者大部分被流放。事件發生後，各地書院同時被一掃而光。

　　清初，書院稍有恢復，但是有的書院變成傳播反清復明思想的基地，因此清廷下令禁止。直到雍正十一年（1733），才下令各省省會設置書院，由政府提供經費來供養學生，於是全國各地相繼設立書院，以考課為中心，以八股為專業，為科舉做準備。這樣的書院根本談不上傳統私人講學的理想，與宋代書院名同而實異。不過還有民間所辦書院，仍然保持研究學問的傳統。這種民辦書院，有些是重視義理與經世之學的書院，還有以講授詞章詩文為主的書院，另有注重考據訓詁之學的書院，這些民間興辦的書院大都不重視八股，許多致力於經學訓詁考證的學者，就利用書院作為傳播學問的場所，而上述第三類書院繼承了漢學傳統，後來更發展成清代的樸學。像阮元出任廣東巡撫時，曾創立有名的學海堂書院，並且大量印書，這種刻書的風氣遠勝過宋元時期的書院，是清代書院對於中國學術的重大貢獻。

四、清代的考據之學

明亡之後，大部分學者覺悟到空談無用，因此開始提倡「經世致用」觀念，清初正是王學未歇，程朱之學漸興時期，理學家爲了平息義理之爭，只好從記載義理之經典著手，希望可以解決這種義理之爭。清初的考據學就是在這種背景下產生的。除了人爲的提倡外，清人爲了統治，不斷加強文化思想的壓制，屢興文字獄。許多士人學者在治學時，只好迴避現實政治，甚至把畢生精力都用在對古書的輯佚、考證工作上。當時的考據主要從經典的辨僞開始，考據的方法非常科學，信則傳信，疑則傳疑，純用歸納法，富於科學精神。這些學者注重對古籍的輯佚校勘，考證其音韻字義、名物訓詁，學風比較樸實，所以又稱爲樸學。

提倡樸學的學者主張「通經致用」，他們認爲「致用」的道理全在經書裡，爲了致用必須讀經。但是到了乾隆時期，又轉入文字音義的研究。這種學風一直持續到嘉慶年間，考證學在乾隆、嘉慶兩朝最盛，因此後人稱當時的學者爲「乾嘉學派」。此時期的學者建立了「訓詁明則義理明」的基本信念，當時的考據學者都以承繼漢儒的治學精神自居，所以也稱爲「漢學」。

考據學在清代之所以會發達，主要有幾個原因：1.由於乾嘉時期，社會安定、經濟發展，使得一些文人可以埋首故紙堆中，爲考證而考證，爲學術而學術；2.清廷的高壓統治、文字獄使得讀書人明哲保身，避談政治，潛心於學術的研究；3.出版業的發展，提供考據學者大量的書籍。

晚清時期，考據學受環境的影響，而逐漸分爲三派：一是今文學派，以龔自珍、魏源（1794-1857）（圖3-3-9）、康有爲、梁

圖3-3-9　魏源像

圖3-3-10　曾國藩像

啟超等人為中心,他們以今文學的《公羊傳》為立論的根據,來打倒古文經,並達到影響政治的目的。二是經濟事功派,以曾國藩(1811-1872)(圖3-3-10)、郭嵩燾為主,他們受過考據學的訓練,又受同時代考據學家的影響,主張「經濟之學即理學」,以理學來經國濟世,將「考證」與「經濟」納入理學之中。三是正統派,以孫詒讓、章太炎、劉師培等人為主,他們由治經史兼及諸子、金石等。這些學者雖然各屬不同學派,但是對於中國傳統學術文化的發展有相當大的貢獻。

研究與討論

1.試述宋代理學產生的原因，及著名學派的代表人物。

2.比較朱、陸之學有何差異。

3.討論中國古代書院與現代私立學校有何異同。

4.試論述宋代書院的教育精神。

5.討論清代考據學對近代學術發展的影響。

第四節　民間文化

　　宋元以來，由於都市發展，商業貿易繁榮，市民階層崛起，因此，宋明的社會文化具有鮮明的市民性，既涵人性復甦的欣喜，亦帶濃厚的商業氣息。而富裕的生活和閒暇，更爲文學藝術提供了新的發展方向。

　　宋元明清在俗文學的發展上，成就輝煌。庶民文化的蓬勃興盛，可由戲曲的大量創作，通俗小說、插畫的大量刊行看出[6]。而民間文化，日常居用，節令行事，亦充滿實用尚奇之風。

　　宋代以後，民間宗教盛行。民間世俗宗教以實用爲特徵，少做理論的追求，除儒、釋、道三教混一的情況自然形成外，亦受俗文學的影響，派別日漸增加，後來更成爲地方社會的信仰重心，影響力極大。元代以降的民眾起事，民間宗教與祕密結社的關係更是匪淺。

一、雜劇與傳奇

（一）雜劇：北曲

　　宋代民間伎藝中有「雜劇」的演出，形式一般分三段，內容包括敘述故事、滑稽戲、歌舞和競技雜耍。北方金國流行兼具歌唱和音樂表演的諸宮調，劇本稱爲「院本」，董解元譜的《西廂》即是戲曲中的名著。

6　民間木刻版畫至明萬曆時大盛，據統計流傳下來的戲曲插畫，高達一百三十多種。爲了滿足一般平民的喜好，當時所刊行的各種小說、曲，無書不插圖，如《西廂記》就有多種插圖版本。至若《水滸傳》中的圖，亦十分耐看。有些書籍著插圖，甚至不識字的人也能看得懂。

　　元雜劇產生於北方，在大都和山西一帶，又稱「北曲」。它是綜合宋詞的成就，加上宋雜劇、金院本、北方諸宮調而成的一種歌舞劇。每本雜劇大都爲四折一楔子，每折曲子用同一宮調，由正角一人獨唱，其他雜角只有說白。

　　關漢卿是元代最傑出的劇作家，此外還有馬致遠、王實甫、白樸、鄭光祖等。而紀君祥的《趙氏孤兒》更是歷史劇的名作，十八世紀傳入歐洲，曾在巴黎皇家劇院上演過。

　　關漢卿（生卒不詳，約1220前後－1300前後）是元劇的奠基者，與王實甫、白樸、鄭光祖並稱爲「元曲四大家」。在蒙古人的統治下，他的雜劇多能反映政治的黑暗，民生的疾苦。由於他長期接觸社會下層人民，所以對婦女的地位和命運更爲關切，《寶娥冤》一劇即是最佳代表。

　　王實甫（1260-1336）寫的雜劇有十四種，《西廂記》最膾炙人口，故事取材自唐人傳奇《鶯鶯傳》，及改編自金代董解元《西廂》的曲文而成（圖3-4-1）。故事中，張生和崔鶯鶯打破禮教約束，由悲劇變爲大團圓的結局。劇中文辭優美，詩意濃郁，如「碧雲天，黃葉地，西風緊，北雁正南飛。曉來誰染霜林醉？總是離人淚。」此劇流傳甚廣，現有多種外語譯本。

　　馬致遠（1250?－1324前後）工於散曲，善於雜劇，《漢宮秋》是他最有名的雜劇作品。內容描述王昭君

圖3-4-1　《西廂記》插圖

出塞和親，未至塞外便投江而死。全曲自秋景離情，至聞孤雁悲鳴，情調淒楚，讀來盪氣迴腸，堪稱千古絕唱。此外，馬致遠還寫了一百多首的散曲，語言平易流暢，被譽為元代散曲第一大家。

白樸（1226-1306）所作雜劇有十七種，其中以《梧桐雨》一劇最富盛名。劇中敘述唐明皇和楊貴妃的愛情史事，尤以第四折貴妃死後，明皇秋夜聽梧桐雨一段，最為出色動人，是元四大雜劇愛情劇之一**7**。

（二）傳奇：南戲

南戲產生於溫州，又名「溫州雜劇」、「戲文」或「南曲」、「南戲」，盛行於南宋，到了元代，仍與北方雜劇並行。南戲以故事情節為主，源於民間歌舞小戲，吸收雜劇等技藝發展而成。一本戲分為幾十折，不限宮調，表演形式多樣，以演員的上下場分場次，旦角丑角自由說唱表演。

南戲因地域不同，各腔盛行，以魏良輔和梁辰魚合創的崑曲，及在民間流行的弋陽腔最盛。崑山腔運用宮調，以弦索、簫管伴奏，演唱要求字清、板正、腔純，風格優雅細膩。弋陽腔承襲南戲的特色，演唱自由多樣，不受格律約束，以鑼鼓伴奏，表現出民間粗獷生動的習氣。

到了清代，戲曲藝術的發展更加豐富多彩，其中以梆子和皮黃最重要。皮黃是晉陝的西皮腔和南方二黃腔，結合而成的新腔，傳入北京後，形成京戲，也就是今天的國劇。

---

7 元代四大雜劇愛情劇指的是：白樸《梧桐雨》、關漢卿《拜月亭》、王實甫《西廂記》、鄭光祖《倩女離魂》。

「傳奇」即是在南戲的基礎上發展而出的。明代雜劇作者南遷，創作出更完整精緻的長篇戲曲，亦名為「傳奇」[8]。元末明初即有五大傳奇[9]，其中以高明的《琵琶記》最出名。明後期湯顯祖的《牡丹亭》成就尤高。清康熙中葉，李漁是傑出的戲曲理論家，創作有「十種曲」。另外，轟動南北的傳奇是洪昇的《長生殿》，孔尚任的《桃花扇》，有「南洪北孔」之稱。中葉之後，地方戲曲大為風行，傳奇戲劇文學逐漸衰落。

湯顯祖（1550-1616）為明代傑出劇作家。所居名為玉茗堂，故創作之四種傳奇合稱「玉茗堂四夢」[10]，其中以《牡丹亭》最著名。劇中頌揚青年男女追求愛情，人物心理刻劃細膩，曲詞優美，如「良晨美景奈何天，賞心樂事誰家院」，傳播甚廣。

洪昇（1645-1704）經十來年的苦心創作，三易其稿才完成《長生殿》一劇。劇情敘述明皇與楊貴妃的愛情，以安史之亂為背景，寓亡國隱痛於愛情故事中，曲辭清麗淒絕，被評為清曲第一。

孔尚任（1648-1718）的《桃花扇》以男女悲歡離合的故事為經，穿插南明亡國史事。全劇結構完整，對國家興亡、民族災難，寓意深刻，尤以最後一折〈餘韻哀江南〉，「放悲聲唱到老」，哀感動人，傳誦後世。

---

8 唐代的文言短篇小說、宋元的諸宮調、雜劇，都曾被稱為傳奇。
9 元末明初的五大傳奇是：《琵琶記》、《荊釵記》、《白兔記》、《拜月亭》、《殺狗記》。
10 「玉茗堂四夢」又稱「臨川四夢」，包括《牡丹亭》（一名還魂記）、《紫釵記》、《邯鄲夢》、《南柯記》。

二、話本與小說

（一）話本

　　話本原是「說話」人的底本。說話的技藝在唐代已有，到了宋代，與民間技藝一同在娛樂場所、茶肆酒樓、廣場空地演出，為適應一般民眾，自然採用口語來細細敘述和描摹。說話人往往先吟誦幾首詩詞或講一二個小故事，稱為「入話」；正文叫「正話」，主要用散文敘述，有時中間穿插一些詩詞韻語，結尾亦常用詩句結束（圖3-4-2）。

圖3-4-2　宋朝說書的景況

　　隨著說話藝術的發達，為求講得有聲有色，博得群眾歡迎，自然就會產生專業的話本。話本的題材範圍很廣，為了吸引聽眾，以講述現實社會流傳故事的，數量最多，最受歡迎。話本為反映平民文學的風格，或用滑稽的筆調，歡愉的趣味，或著重貪欲的描寫，或瀰漫靈

怪思想，其意在藉故事以告誡群眾，有著教化的意義。

　　宋人話本據記載有一百餘種，大都失傳。明清文人有模擬話本樣式創作的小說，叫作「擬話本」，取材自市井細民，無論是愛情小說、公案小說、俠義小說，率多情節曲折，故事性強，首尾完整，線索清楚，語言通俗明快而傳神。

　　話本和擬話本的集子，大體上分為小說、講史二大類。今存的主要有《京本通俗小說》、《清平山堂話本》，以及長篇小說《新編五代史平話》、《大宋宣和遺事》和《大唐三藏取經詩話》。

（二）小說

　　上古的神話傳說、先秦的寓言、魏晉南北朝的志怪小說和記錄人物言行軼事的筆記，都非有意識地小說創作，真正具備現代概念的小說創作，要到唐代才出現。唐代小說由於「作意好奇」，故稱「傳奇」。全盛時期在開元、天寶之後，作者蔚起，作品數量大增，名作如《李娃傳》、《紅線傳》、《枕中記》、《長恨歌傳》等，題材豐富。

　　長篇章回小說盛行於明清兩代。章回小說源自宋人話本中的講史「平話」，由於取材歷史，事件複雜人物眾多，無法一次講完，必須一次講一回連續講下去。每次開講前，標出題目概括講述的內容，這就是章回體的由來。小說仍保持說話人說故事的口吻，經常用「說話」、「看官」等字眼，每回結尾落在最緊張處，造成懸念，常用「欲知後事如何，且聽下回分解」的套語。

1.明代小說

　　明代長篇章回小說以四大奇書《三國演義》、《水滸傳》、《西遊記》和《金瓶梅》為代表，還有《封神演義》、《東周列國志》等，也都各有價值。短篇小說彙集著名的是「三言」、「二拍」，還有從「三言」、「二拍」輯選成集的《今古奇觀》。

　　《三國演義》即元末明初羅貫中撰《三國志通俗演義》，簡稱《三國演義》。這部作品的題材來源，大部分是出自陳壽的《三國志》和野史雜記、民間傳說，以及作者自己的創作。《三國演義》描繪了三國群雄在政治、軍事上互相鬥智鬥力的情況，成功地塑造了許多人物鮮明的形象。此外，對幾次大戰役的壯闊場面，也描寫得十分細緻。全書用淺近的文言寫成，結構宏大，人物眾多，情節曲折，是中國歷史小說中的名著。

　　《水滸傳》是元末明初施耐庵著，又名《忠義水滸傳》，描寫一百零八個好漢被「逼上梁山」的故事。作者塑造了李逵、武松、林沖、魯智深等梁山英雄人物，寫得十分生動。故事情節曲折，語言生動有力，影響深遠。

　　《西遊記》為明吳承恩著。作者取材自民間流傳的唐僧取經故事及宋代話本、元代雜劇而創作完成，現存一百回本。《西遊記》是一部神怪小說，寫的雖然是神魔世界，實際上是對現實世界的針貶和諷刺。書中塑造的角色，既賦予動物性，又賦予人性，語言幽默風趣，既有濃厚的文人文學色彩，又很口語化，能將民間習用的熟語、俚語，不留痕跡地融合到人物對話和敘述中。此書不但在中國家喻戶曉，海外亦有多國譯本行世。

　　《金瓶梅》為明神宗萬曆年間的小說，作者是蘭陵笑笑生。書中刻劃了上自宮廷中擅權專政的宦官太師，下至市井間招搖撞騙、蠻橫狡詐的無賴流氓，真實地暴露出明代社會的黑暗面，和官商惡霸的

殘暴荒淫（圖3-4-3）。作者塑造了具體的人物形象，細緻地描摹了人情世態，用細密的筆觸，勾勒出西門慶的家庭生活和社會關係。它表現了熟練的語言技巧，爽朗潑辣的語言風格，雖涉及色情，被視為淫書，但仍是一部難得的社會小說。

三言的編輯者為明末馮夢龍。三言共收宋、元、明話本一百二十篇，是中國古代話本和擬話本的總匯。三言即是《喻世明言》、《警世通言》、《醒世恆言》，以追求婚姻自由和愛情幸福的故事為多，把人物內心活動和生活細節結合起來，反映出宋、元以來城市生活的面貌，成就甚大。

二拍為明末凌濛初著，他的特色是從古今史料和民間傳說中，選材取料，

圖3-4-3　《金瓶梅》插圖及書頁

創作出自己的短篇通俗小說作品。二拍即《初刻拍案驚奇》、《二刻拍案驚奇》。書中強調消遣和說教的功用，具體描述商人的生活，有助後人對晚明社會的了解。

2.清代小說

清代小說以源於宋明話本的公案小說，如《施公案》等廣受歡迎，數量最多。《七俠五義》等的俠義小說亦深受喜愛。此外，社會小說《官場現形記》、諷刺性質的《儒林外史》、言情類的《紅樓夢》為文人小說的代表。文言小說則以清康熙年間，蒲松齡的《聊齋

誌異》問世，大放異彩。

　　《聊齋誌異》是清蒲松齡著的短篇故事，共十六卷，四百三十一篇，所敘皆仙狐鬼怪之事。其中，對社會的現實多所諷刺，故事中的人物形象個性鮮明，狐仙精魅多具人情，平易可親，情節曲折離奇，敘次井然，風行百餘年，仿效者眾。其中以紀昀《閱微草堂筆記》，託鬼狐以抒發思想，妙語雋言能發人深省。

　　《儒林外史》的作者為吳敬梓，全書共五十回，是許多短篇故事集合而成的長篇。書中嚴峻地抨擊了社會的不合理現象，把科舉制度和官僚制度的罪惡腐朽，形象深刻地表露出來。作者憑著尖刻生動的描述，罵盡儒林敗類，成為中國古典諷刺文學的傑作。

　　《紅樓夢》原名《石頭記》，全書共一百二十回，前八十回為曹雪芹所著，未完之篇由高鶚續成。書中人物幾百，主角固然性格典型、形象明確，即便是偶一露面的次要人物，亦都躍然紙上，能激起讀者強烈的愛憎情感（圖3-4-4）。書中的結構像一棵大樹，枝幹清楚，脈絡分明，沒有可削刪的章節。文字語言上，無論古典詞語或是口語、俗語，都相當有表現力。《紅樓夢》代表了中國古典小說創作的高峰，其價值深為中外學者所肯定，「紅學」已成為一門專門學問。

圖3-4-4　《紅樓夢》插圖

三、社會生活

　　宋元以下，社會累世同居者漸少，但彼此仍互通聲氣，以族譜收繫離散的宗族，共有祠堂、義田、族長，與行政系統相輔相成，有穩定社會、政治秩序的功能。

　　另由宋人筆記中得知，宋人在飲食方面相當講究。北宋時，從占城引進大量早熟稻。飲茶和飲酒是宋人普遍的習慣，元明清持續發展；康熙以後，茶葉大量外銷，風行海外。宋明以來，南方崛起，南方飲食方式與風尚隨之漸興，廣東、江浙等南方荣尤爲人喜好。

　　宋代木棉種植於兩廣一帶，至元初已廣植於長江流域，明初以降，棉織品已甚爲普及。宋人在服飾上，一般士大夫喜著烏紗帽（圖3-4-5）、皁羅衫（黑色）；南渡後，則喜穿紫衫或白衫。婦女們上衫下裙裳，梳高髻（圖3-4-6），飾以金銀珠翠。平民則裙裳較短，髻較矮。明初男女服飾簡單，中期之後，長裙闊領，寬腰細褶，以華服爲趨。清朝男人薙髮，拖辮腦後，瓜皮帽、馬褂、長袍。纏足之風上溯至五代，南宋時成爲社會的普遍風氣，宋末竟以大足爲恥。民國

圖3-4-5　烏紗帽　　　　　　　　　　圖3-4-6　宋代婦女的高髻

以後，隨著婦女地位的提高，纏
足之俗才廢除。

　　中國的居室建築傳統大多南
北向，結構常見的有四合院和三
合院（圖3-4-7）。到北宋末，
由李誡編纂《營造法式》一書加
以匯集，是我國傳統技術建築的
經典著作。明式家具造型古樸簡
練，以硬木作就，鉚榫拼接，常
呈內圓外方之構圖，紋飾繁縟，
變化萬端。遼居住以帳幕為主，
也有宮室。金因北地寒冷，在寨
中有火炕用為坐臥，近世北方仍
沿用女真人的炕。宋代轎子已頗
為習見，但一般平民仍多步行，
或以驢、馬作為交通工具。

　　傳統中國社會農民，工作都
依曆法習俗行事（圖3-4-8），
工作辛勞，並且常為勞役所干
擾。商人的活動，在宋之後，始
不受時間及地區的限制。重要
節日如元宵，百姓製作精美的
花燈，人們以觀燈為樂；除放燈
外，還流行猜燈謎、吃元宵。宋
代盂蘭盆節逐漸失去祭祀祖先的
傳統，變成了祭鬼、普渡眾生。

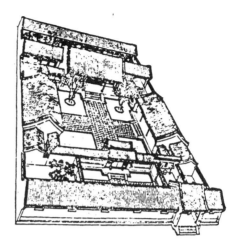

圖3-4-7　典型的北方四合院

圖3-4-8　《春牛圖》（上面刻有十二個
月、二十四個節氣，下面是春
牛和芒神，這是昔日農耕的重
要時刻表）

此外，新年、端午、中秋等，常有盛大慶祝活動，各階層百姓都放下工作熱烈慶祝，整個社會洋溢一片喜氣。

在民間遊樂消閒方面，流行奕棋（圖3-4-9），有圍棋、象棋等，雜耍百戲更是不勝枚舉。

宋人婚姻尚早婚，有指腹爲婚的，男子可納妾、休妻等。

圖3-4-9　明代《奕譜插圖》版畫

婚禮異常繁重，喪葬亦重，三年之喪，非特殊情況不得更改。民間喪禮受佛道影響，有佛事及道場作法會、修建廟塔，並有許多地方行火葬。

四、民間信仰

宋元時代是中國民間信仰蓬勃發展的時代。這一時期，佛教和道教雖然仍在流行，但已失去隋唐時代官方哲學的影響，代之而起的是程朱理學。在內憂外患的政治形勢和思想領域的變化下，一般民眾日益惶恐和不安，因此，民間宗教信仰比以往任何時代都更活躍。

北宋時期，以白蓮或蓮社爲名的淨土結社念佛，十分風行。中期以後，信徒日益增多，成員亦見複雜，活動場所從寺院發展到民宅，

只要信奉西方淨土，均可結社而稱白蓮。北宋末年，白蓮結社得到進一步的發展，因此白蓮宗創立。此外，在宋哲宗元佑七年（1092），清覺在浙江創立白雲宗，是佛教的另一分支，至元仁宗時被官方查禁。到了南宋高宗時，茅子元更創立了白蓮教。

　　兩宋時期，所謂的「食菜事魔」，指的就是流行於民間的各種異端教派的統稱，其中包括白蓮宗、白蓮教、摩尼教等。這些祕密活動的宗教組織常在地方起事，方臘之亂即是明證。

　　元朝是白蓮教流行的鼎盛時期。在政府的獎掖下，遍布全國各地的堂庵，與佛寺、道觀相差無幾。不少教徒男女相混，夜聚曉散，圖謀鬧事，甚至準備武裝起事，因此曾下令禁止白蓮教活動。元末白蓮教分為南北兩派，南派由彭瑩玉和向主持，北方由韓山童領導。

　　明初下令禁教，白蓮教遂成為祕密宗教。早期信仰彌陀佛，後來轉向彌勒佛，逐漸與「明教」、「彌勒教」相混雜；至明中期，已變成集佛、道、儒為一體，有自己的教理、教義體系的民間祕密宗教，活動中心開始向北方轉移，以京畿為中心，活躍於黃河流域和長城沿邊地區，甚至傳播到西南和漠南一帶。萬曆之後，北方依然盛行，並有回復長江流域之勢，其中名目繁多，比較有影響力的是羅教、聞香教、紅（弘）揚教、圓頓教、無為教等。

　　清朝的民間祕密宗教，行的亦是白蓮之實，但多不稱白蓮，往往因襲明末的名稱，再進一步衍生，派別更多。從清軍入關始，祕密宗教與祕密結社一直從事著反清活動，除天理教之亂外，洪秀全的拜上帝會幾乎撼動清廷江山，此後的捻亂、義和團之亂亦不脫此範疇。而其中的一貫教源於捻亂之後，庚子後改名為一貫道，流傳至今。

　　道教在隋唐至北宋初年，強調內心的修煉，不再過於追求長生不死和煉丹。南宋偏安以後，先後與金元對峙，在這種情勢下，道教內部也隨之宗派紛起。元代道教著名者為北派，由王重陽開創，主

張道、儒、佛三教合流，提倡精、氣、神的修煉，他強調出家修眞，開道士出家之風，故稱全眞派。

王重陽有七大弟子，世稱「北七眞」，其中最著名的是丘處機。他曾應元太祖之請，率十八弟子跋涉兩萬里，至西域大雪山，爲元入主中原出謀獻策，深得元太祖賞識。至元世祖時，曾賜號「神仙」，拜他爲「大宗師」，掌管天下道教，使全眞派極一時之盛。

另外，正一派亦稱正一道，由天師道長期演變而成。信徒主要奉持《正一經》，崇拜鬼神，道術靠畫符唸咒（圖3-4-10）。元成宗時，第三十八代天師張與材被封爲正一教主，總領三山符籙，此後正一派便成爲符籙派的總稱。

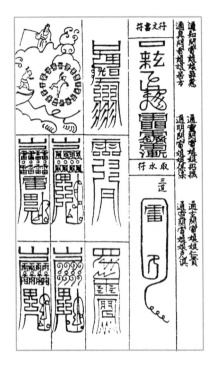

圖3-4-10　民間祕密宗教的符文符書

明中葉以後，直至清朝，由於皇帝抑道揚佛，道教的發展便衰落了。然而道教創造的神祈，對民間的影響始終熱度不減。例如，讀書人少有不拜文昌的，而文昌帝君的《陰騭文》，以及李昌齡的《太上感應篇》，亦在民間流傳，是道教的兩部通俗宣傳品。其餘如功過思想與《功過格》、袁了凡的《陰騭錄》，都是民間有名的善書。

研究與討論

1.閱讀一篇雜劇和傳奇，試著比較其中的差異。

2.明清小說傳誦後世，你最喜歡哪一本，爲什麼？

3.宋代飲茶風氣普遍，與今人之講究有何不同？

4.明式家具有哪些特點，爲何至今仍風行不衰？

5.俗文學的創作與民間信仰的傳播，如何相互影響？

第四章　近代中國文化的變遷

第一節　中西文明的交會

中國近代文化的發展，並非繼承固有文化，而是深受西方文化東傳的影響。此一西學東漸之過程，史家常分為三個階段：第一期明清之際，其特色為被動的接受；第二期為清代咸豐以降，歷經自強運動、戊戌變法、庚子新政、立憲運動，其特點為主動的吸收與近代化；第三期則為五四運動，其特色在於創造性的轉化。

中國文化的西傳，若以新航路的發現來畫分，之前重要者為羅盤、火藥、造紙術、印刷術、養蠶術；之後則輸出中國的哲學思想和文學藝術。中國的哲學思想中的孔子學說，提供了啟蒙運動（Enlightenment）歐洲思想家所欲追尋的自然神論，使啟蒙時代更加璀璨；中國文學藝術的風行歐洲，則導致洛可可運動（Rococo movement）的產生。

一、明清之際西學西教的傳入

十六世紀中葉以降，西洋耶穌會教士抵華，如利瑪竇（Matteo Ricci）、湯若望（J. Adam Schall von Bell）（圖4-1-1、圖4-1-2）、南懷仁（Ferdinandus Verbiest）等，不但努力學習中文、了解中國傳統禮俗，迎合我國祭祖祀孔拜天儀式，更以學術為傳教手段，取信於中國人，藉以接近居領導地位的中國士大夫，於是西學與西教幾成一體，結下不解之緣。

此時正值明代後期，在士大夫不滿陽明理學專談心性，束書不觀，逐漸走向狂誕空疏的情況下，西學成功地進入士大夫的世界。如徐光啟即受西學影響至深，不但獨力完成《農政全書》，更與利瑪竇

合譯《幾何原本》，可見西學受到士大夫歡迎的程度。同時，明朝因軍事失利，財用匱乏，亦借重耶穌會教士的火器砲術與採礦技能，如湯若望即受命鑄造大砲，教授火器製造，火器之學由此傳入中國。

圖4-1-1　湯若望像

圖4-1-2　遠鏡說

　　清初，傳教士的活動場所轉至宮廷，於是皇帝的態度便決定了西學的傳入與否。如康熙皇帝愛好西學，不但完成中國第一部實測地圖《皇輿全覽圖》，更透過南懷仁向羅馬教廷表示：凡擅長天文、光學、靜力學、動力學等物理科學之耶穌會教士，中國無不歡迎。但如此盛況並未持續，因教會內部宗派爭執，教皇對中國認識不足，羅馬教廷一反利瑪竇時代順從中國禮俗的作法，開始禁止教徒敬天祀祖祭孔。康熙皇帝大為反感，甚至表示：以後不必西洋在中國行教，禁之可也，免得多事。而雍正皇帝一即位，正式頒布禁教明詔，規定在北京的傳教士，除欽天監的人員之外，所有教士俱令出境，各地的天主堂或被拆毀，或改為祠廟，或設立義學，嚴禁人民信奉基督教，因為

傳教士加入康熙晚年爭奪皇位的政治鬥爭。乾隆時代更是嚴厲禁教，甚至處死外國教士。皇帝如此深惡西教，與西教成一體的西學傳入自然就中斷了。

就明清之際傳入的西學內容[1]而言，傳教士或因態度保守，或因所學有限，並未引進人文主義、天體運行論等重要學說。就影響的層面而言，西學不過是皇家的裝飾品，只流傳於少數士大夫階層，對民間的影響微乎其微。且雍乾兩朝物產豐饒，無求於人，黎民百姓如何感受有變通的必要？而此「自閉」之舉，根絕了我與外界的文化因緣，中西兩大文化缺乏正當合理的接觸機會，而隔閡日深，當然不利於民族文化的競賽。因為中國面臨的不再是西方黑暗時代的長期停滯，而是歐洲歷史進步最速、變化最大的時期。工業革命、美國獨立、法國革命激發出政治經濟新發明、新理論，而這些新的學說則重新塑造了西方巨界。於是中國將面臨秦以來所未有的世變卻渾然未覺，一味沉醉在天朝上國的美夢之中（圖4-1-3）。

二、中國文化的西傳與影響

明末傳教士不但傳播西學，也將中國儒家經典，如《四書》、《五經》先後譯成西文印行問世。十七世紀時，教士克舍爾（Anauosiur Kirches）用拉丁文著《中國圖籍》，流行一時，成為歐

---

1 明清之際，耶穌會傳教士或本國士大夫的科學著譯約有一百二十種，其中較重要的有：曆法天文方面有利瑪竇《乾坤體儀》、湯若望《時憲曆》；地理學有艾儒略《職方外記》、利瑪竇《坤輿圖說》；數學方面有艾儒略《三角測量》、李之藻譯《同文指數》、徐光啟譯《測量全義》；火器方面有南懷仁《神武圖說》、湯若望《火攻揭要》、《神威圖說》；物理學湯若望《遠鏡說》、王徵譯《奇器圖說》。

洲人研究中國文化的重
要典籍。

　　十七、十八世紀
歐洲啓蒙運動中，重農
主義的經濟學者奎斯奈
（Quesney）根據中國
的經濟理論，提倡農業
爲國富之本，甚至想繼
承孔子道統，時人稱他
爲「歐洲的孔子」。
另有大思想家伏爾泰
（Voltaire），最佩服孔
子不言怪力亂神，及以
德服人的說法，而主張
全盤中化。文學對歐人
的影響亦不遑多讓，大
文學家歌德（Goethe）

圖4-1-3　十八世紀洋人眼中的中國

認爲完人就以中國人爲代表，其戲劇約略找得出中國戲曲的影子。文
人仿中國人語氣，嘲諷時政，也流行像中國知識分子上茶館、欣賞戲
曲。

　　另值得一書爲洛可可運動（Rococo），其深受中國藝術之影
響，歐人莫不傾倒於中國式建築、繪畫風格而競相仿效，形成一片中
國熱。但十八世紀末，希羅古文化再度蔚爲風潮，歐人的興趣又轉向
崇拜希羅古文化，中國文化不過是過眼雲煙，並未得到西方人士的眞
正認識。

三、自強運動與西藝西政的輸入

　　鴉片戰爭的失敗，國內雖有「師夷之長技以制夷」的呼聲，但並未喚醒大眾。直到太平天國頑抗難平、英法聯軍攻陷北京城，才使朝野之士意識到中國非自強無以自存。在內外交迫的情況下，自強運動於焉展開。其領導人物有奕訢、文祥、曾國藩、左宗棠、胡林翼、李鴻章、張之洞、劉銘傳等人。

　　自強運動始於咸豐十一年（1861）總理各國事務衙門之設立，止於光緒二十年（1894）甲午戰敗。自強運動的目標在於追求「船堅砲利」，就其目標而言，僅及其末，未究其本。因為當時一般人的觀念是「中國文化制度遠出西人之上，獨火器不能及」，因此自強運動一開始就註定失敗的命運。

　　「船堅砲利」是自強運動主要目標，首先要成立近代化的軍隊，那就需有近代化的軍器，設立兵工廠成為當務之急。要製造、使用新式武器，就須設立武備學堂，派員出洋留學以培養技術人才。近代化的軍隊當然要配合近代化的交通，所以興建鐵路、設立造船廠、電報局。而這些國防建設需要大量的經費，以中古時代的生產力，絕不可能負擔，所以開辦招商局、織布局，並開採煤礦以裕收入。而統籌自強運動全局就屬總理衙門。所有海軍、鐵路、電政、學堂之創辦，皆始於總理衙門，然後分出。

　　自強運動的努力從甲午戰爭慘敗證明徹底失敗，起步略早的自強運動成效不如日本的明治維新。檢討失敗的原因可以南、北洋艦隊的成立為例。同治十三年日軍侵臺，給予中國甚大的刺激，使清廷開始全面檢討海防。由沈葆楨負責南洋艦隊，主要防務靠福州船廠所造的船隻，國防的重心在經營臺灣。但中法戰爭，南洋艦隊卻付之一炬。清廷於光緒十一年設立海軍事務衙門，加強北洋海軍。北洋海軍成立

之初頗具規模，
軍艦的噸位高居
世界第八位，但
北洋海軍卻在甲
午戰爭慘遭敗北
（圖4-1-4）。戰
爭失利的原因，
除了負責訓練的
英籍教練琅威理
（W. M. Lang）
受排擠而去職、

圖4-1-4　日艦攔擊高陞輪

南洋艦隊不肯支援外，主要原因在於海軍經費被慈禧太后移作修建頤
和園之用，經費不足當然不再購置新艦、補充砲彈，遑論與新興的日
本作軍備競賽。

　　北洋海軍的失敗，再度突顯只強調「船堅砲利」是不夠的，如
果能引進健全的政治、財政和教育制度，才能如西方列強有效推行國
家政策，不致出現守舊派掣肘、缺乏有效協調、太后挪用軍費等諸多
病象。但這些只是自強運動不得大力推展的原因之一。自強運動無法
成功的主要原因在於倡議者見識有限，一直未能脫離「西學源出中
國」[2]、「中學為體，西學為用」[3]的窠臼。他們的真正目的，不過是

2　西學源出中國，指西方一切進步的學問皆流傳自中國，經二千餘年研究發展，而有今日的成就。中
　　國因承平太久，書生不問時務，仕者守成而未加研究，以致落後於西方。今雖學西方，實則學自
　　己，不但不應感到羞恥，而且應感到光榮。故改革派得以堵塞守舊派反對之口，從而進行改革。自
　　強運動領袖皆接受此種思想，並致力使之發揚光大。其實，每當中外文明交會之際，這種牽強附會
　　的說法就會出現。西學源出中國含兩種意義：自我陶醉、託古改制。既滿足了守舊派的自尊心，也
　　使改革派更能說服民眾減少排斥、採納革新的措施。
3　中學為體，西學為用的意義為以中學治身心，西學應世事，中西課程分配，則中學為體西學為用。

想藉此嚇阻列強勿再對華做進一步的
侵略，並維持中外不平等條約關係中
的既成事實；對內則想穩定住太平軍
及捻回諸亂之後中國社會的舊秩序，
與民休息，所以，缺乏一種推動社會
向新方向繼續發展的動力。導致中國
近代化的工作，未能如日本，迅速地
自器物技能的模仿層次，躍進至制度
模仿與思想文化模仿的層次；更遑論
全面鼓動民族熱情，配合自強運動，
以爭取國際地位的平等。雖然全盤建
設的動機明顯地在軍事，失之偏頗，
但自強運動三十餘年的建設不但培育

圖4-1-5　詹天佑像

出新的科技人才，如中國最偉大的工程師詹天佑（圖4-1-5），更奠
定中國近代化的工業基礎，並動搖了重農抑商的傳統社會風氣，啓動
競相逐利的新時代，使古老的中國邁向近代化，展露新興的氣象。

四、甲午戰後新舊思潮的激盪

　　甲午戰後，部分知識分子認爲，中日均摹仿西洋，日方驟然富

在維護傳統制度的基本原則下，接受西方列強的技藝，以西方之器補助中國之器，以充實中國之
道，使之更完美。但西學無論多麼重要，須在儒家傳統學識之下。這個理論醞釀自1861年，以馮桂
芬和王韜的言論爲代表。具體提出中學爲體西學爲用的口號，則爲張之洞《勸學篇》一書。但張氏
所認爲之西學範圍頗大，自學校教育、軍事教育，乃至財政改革皆在其列，當時人們對張氏似乎有
所誤解。

強，我國竟告失敗，證明僅船堅砲利不足以富國強兵，應從政治、社
會、文化教育改革開始。當時有志改革之士可歸納為：革命派的孫中
山，及維新派的康有為、梁啓超等人。若以時間來區分甲午戰後新舊
思潮，1895至1898年為戊戌維新時代，1901年至清朝結束為立憲運
動時代，中間1899至1900年為排外的庚子拳亂時代。

康有為等人推動維新運動，是從上層社會著手，首先得到皇帝的
青睞；其次著《孔子改制考》證明孔子也是維新派，來支持自己的變
法主張，鎮壓反對的士大夫；緊接著「公車上書」、組「強學會」、
辦報，開創出維新的風潮。

維新新政的內容可歸納為：

1.教育方面：廢八股，試策論，立學堂，設譯書局。

2.實業方面：獎勵農業、工藝、商務，設農工商總局（各省設分
　局）、礦務鐵路總局。

3.軍事方面：變通武科，裁減綠營，準備舉辦徵兵。

4.政治方面：裁汰冗官及駢枝衙門，鼓勵臣民上書及報紙批評時
　政，旗民應從事工商各業。但旋即遭逢戊戌政變，新政未能切
　實推行，只保留京師大學堂。

就康有為推行維新運動的方式而言，首先未顧及清末政權不在
皇帝的現象。皇帝上有太后、下有軍機處，處處掣肘，光緒皇帝當然
想藉變法，從慈禧手中奪取政權，當真正的皇帝，於是未推行新政即
捲入政治鬥爭。其次，《孔子改制考》不過是託孔子以改制，間接發
表政見，原不在學術的精確。卻因太具爭議性，不僅引起不必要的紛
爭，甚至淹沒變法主題，頑固派視康說為毒蛇猛獸，即便是康之友人
及嚮往新政人士，莫不認為康失之武斷。最後廢八股、裁官署，影響
到不少人的前程與地位。德宗革斥禮部官員一事，更是火上加油，遂
使慈禧有廢德宗之舉，於是發動戊戌政變，結束百日維新。此舉使清

廷更加腐敗，加深滿漢間的惡感，促使志士奔向革命。但最嚴重的莫過於康、梁逃亡海外，繼續宣揚維新保皇，批評慈禧及守舊派大臣，且得到外國人的庇護，使慈禧由痛恨維新黨人，進而痛恨外人。己亥建儲，外國公使的冷淡反應，更使我國走向排外的方向，埋下拳亂的禍根。

庚子拳亂，清廷從事持續性的政治改革，刺激了立憲運動的成長。1904至1905年的日俄戰爭，君主立憲的日本打敗了專制的俄國，國人更肯定了立憲的價值。慈禧亦感到立憲有益清室，既可收攬人心，抵制革命運動，更可藉憲法保障皇室。乃於1905年派五大臣出國考察，作為立憲的根據。五大臣回國後之陳奏，實出自梁啓超手筆，證明立憲運動的主要思想指導者應是康、梁。

1906年，清廷宣布預備立憲。具體措施：改定官制、增設議政機關，中央設資政院，各省設諮議局。分析諮議局議員背景，大多數為及第的地方士紳，有些則為留日學生，甚至曾在清廷擔任一官半職，其中江蘇省諮議局議長張謇（圖4-1-6）尤為巨擘。如此出身，當然不會認同採激烈手法的革命派，而主張溫和改良，實行君主立憲。但憲法大綱的公布卻使他們大失所望，憲法大綱規定的君權太重、民權太輕，而預備立憲的年限太長，足見清廷對立憲毫無誠意，僅欲假立憲之名，收中央集權之實。立憲人士遂發動三次全國性請願，僅得到清廷縮短立憲年限為六年的承諾。請願代表留京繼續請願，卻遭致清廷武力鎮壓（圖

圖4-1-6　張謇像

4-1-7）。加上不能接受犧牲地方士
紳利益的鐵路國有政策，立憲派轉而
響應革命。在各省諮議局的議長或副
議長控制各省政局的情況下，武昌起
義一舉推翻清廷走向共和，可謂立憲
派的受挫，壯大了革命聲勢。

圖4-1-7　清朝阻壓立憲輿論漫畫

研究與討論

1.試說明西學輸入中斷對中國的影響。

2.試分析中國近代文化發展的歷程，及國人的反應。

3.請說明張謇、康梁在立憲運動中的地位，並分析立憲派於辛亥革命時轉而贊助
革命的緣由。並借此經驗對當前「議會改革」及「建國運動」路線之爭提出個
人意見。

4.試探討康、梁的維新運動失敗的主要原因。

5.試比較分析何以日本明治維新成功、中國自強運動失敗的原因。

第二節　社會變遷

近代中國由於不平等條約的簽訂，使外國經濟、科技、文化勢力持續引進，逐步改變了傳統中國的風貌。在社會變遷上，農村社會過渡到工業社會，人口向都市集中，交通日趨便利，新式工業興起，內外貿易擴張，促成了現代都市的產生。

又由於西方思想不斷傳入，科舉制度廢除，教育日漸普及，使傳統社會階層：士、農、工、商的排列方式，產生了不同的面貌和解釋。其中，又以勞動階層的運動，平民教育的推廣，最具時代意義。

生活方式的演進，在中西文化的交流下，自然產生極明顯的變化。食衣住行育樂，無可避免都朝向西化、現代化發展。而兩性關係的改變，婦女解放，女權運動的興起，不但是時代的潮流，也是國際的趨向。

一、工業社會與現代都市的出現

新式工業於自強運動時期已經開始興辦。甲午戰後，依據最惠國待遇，列強得以和日本一樣在中國設立工廠。由於外國人具有優越的資本和生產技術，中國傳統的產業結構根本無法與之抗爭，其中棉紡織業的解體即是顯例。至於新式的工商實業，也只能在外國資本與本國封建勢力的夾縫中，緩慢成長，直到民國才獲得突破性的發展機會。

八國聯軍之後，清廷成立商部，繼而改為農工商部，對工業的投資、經營與工業人才的培養，都有積極的支持與鼓勵。一般熟知的紡織、繅絲、麵粉、火柴、造紙、印刷、水泥、電器、菸草、玻璃、榨

油、製糖、精米等輕工業，都是在此一時期建立或已粗具規模。

　　歐戰爆發，西方列強一時無暇東顧，對中國的輸入大減，給予我國工商界極其有利的環境，民族工業因此獲得發展的良機。各種資本紛紛投入生產，經營日見規模，迄於民國九年，無論工業公司行號與投資均較前增加近兩倍。紡織公司、麵粉廠等輕工業發展最爲驚人，麵粉廠且曾出現出超的外銷景況。煤、鐵、輪船、新式銀行等重工業、交通業、金融業和生絲業，都有相當幅度的成長。

　　商業在清末亦頗有發展。光緒二十九年（1903），設立商部，顯示政府重商之意。光緒三十二年（1906）雖改爲農工商部，但仍設有商務司掌管全國商務，意在鼓勵商業發展，並保障商人權益。另外，還制訂各種有關的商務法規，並於京師設立總商會，省及各州縣設立分商會，作爲民間策進商務及與官府溝通之橋梁。

　　民初的商業活動有更進一步的發展，除了農作經濟作物與農產品商品化，使得農業成爲商品經濟的一環外。另外，投資於土地的資本，也逐漸轉移到工商及金融事業，雖然未能扭轉外貿的逆差，但在政府與民間的努力發展下，歐戰期間，外貿赤字曾出現大幅滑降的佳績。另外，中國某些地區貨幣漸歸統一，也有助於金融活動。資本集中和都市經濟發展的趨勢非常顯著，商業迅速發展，商人地位大爲提高，顯示了中國資本主義的抬頭[4]。

　　一些新興實業或由外人手中收購，或集資新設，亦有海外華僑直接投資者，由於投資額增加，市場相對的開發，加上新式交通工具如輪船、火車的使用，運輸量大爲增加，若干城鎮更成爲物產集散的中心，使從前偏重沿海通商口岸的現象，改成向內地延伸，現代工商都

4　關於清末民初的經濟實業發展，引自張玉法著《中國現代史》（臺北：東華書局）。

市如漢口（圖4-2-1）、無錫等隨之興起。

　　沿海的口岸城市在鴉片戰後，由於先行對外開放，大量引進外國資本、技術、制度、科技、思想與觀念，因此呈現的城市風貌，自然與內陸城市相異其趣。如青島、上海（圖4-2-2）、香港、廈門等沿海沿江的通商口岸，在都市的規劃和發展上，充滿了西方異國的風味，即是顯著的例子。

圖4-2-1　漢口市區一景

圖4-2-2　上海繁華街道——南京路

二、社會階層的轉變

清末西學輸入，科舉制度廢除，士人求學之路變廣，留學風氣大盛，傳統的士大夫階級優勢不再，取而代之的是一些經過西方科技學術洗禮的新知識分子。他們以新知識成為各行業的新領導階級，反對舊思想，推動新思潮，取代傳統士紳的地位。另外，教會和中國現代學校也培養出一批平民的知識分子，他們深入社會基層，喚醒民眾爭取權利，成為國家進步的主要動力。

近代中國雖然有了新式的工商業，城市也跟著興起，但基本上仍維持著傳統的農業社會型態，過著自給自足的生活。東南各省與長江流域多為魚米之鄉，人民較富裕；西北各省與黃河流域因耕地不足，土地分配不均，有勞動力過剩的問題，如遇天災人禍，情況更為嚴重。一般農民甚少有經濟能力可以供給其子弟接受教育，因此農民階層想改變社會地位，十分困難。

然而，隨著各地工礦實業的興起，有些農村人口被吸收集中於城市，形成一批新產業結構和經濟下的勞動階層。在辛亥革命期間，已有若干人士對勞工問題提出建議，直至民國成立，「勞工神聖」說漸為社會接受。工人群眾在新風氣的感染下，為爭取自身權益，常結為組織團體，展開抗爭。這些抗爭大都為要求提高工資，改善待遇，但也有為政治原因的，如罷工響應抵制日貨、捐助青年學生發起的救國儲金運動等。民國六年（1917）大戰結束，派往歐洲、法國的留學生和華工分批返國，帶回在海外工界和學界聯合運動的經驗，更使中國勞動階層發生極大的轉變，成為此後中國社會的一支重要力量。

近代中國平民教育的發展，在現實需要及學者的鼓勵下，大部分都以工人為教育的對象。有些學生親身從事勞動工作，以「工讀互

助團」的組織自立教養，希望藉由教育改革來改良社會，促進平民政治的落實。晏陽初、梁漱溟等部分學者更重視農村改革工作，五四之後，在華北農村推展平民識字運動及鄉村建設工作，使中國落後的社會問題再受重視。

隨著平民教育的推廣，在五四抗爭期間，工人成為學生運動的主要支持者，經由學生的引導及啓發，工人本身的組織與活動也日益加強。民國十一年（1922）五月，第一次全國勞動大會在廣州召開，國、共兩黨都給予相當的支持，改寫了中國工人階級的歷史地位，從此工人群眾成為新興的政治資源[5]。

商人階級則借助西方的新科技工業、資本經濟制度，以靈活的商業手腕善用各種資源，迅速累積財富，購買土地，甚至功名。他們與官方密切配合，在清末或鼓勵清廷改革，或和清政府共同發展實業，進入政治核心，封有爵位，如張謇等大都是具有官銜的商人。民國後他們更致力本土實業的發展，為中國的產業經濟奠定基礎，成為新興的城市階級。

三、生活方式的演進

近代中國，清朝舊政權崩潰，民國新政體建立，在新舊體制和西方思潮的衝擊下，生活方式自然有了明顯的不同。中國由於幅員廣大，各地禮俗自有相當的差異，但各地習俗仍有一定的大致性。民間婚禮多遵父母之命，喪禮儀式則甚繁；曆法雖頒行陽曆，民間卻仍慣

---

5 勞工運動的興起，參考蘇啓明著《中國現代史》（臺北：五南，1996）。

用陰曆，歲時節令，如春節、元宵、清明、端午、七巧、中元、中秋、重陽、冬至、臘八、送灶、除夕等的過節習俗，均大致如舊。

　　宗教方面，晚清時期，佛教派別甚多，一般僧尼或拜佛念經，或為人作佛事超度祈福而已。民初雖有高僧出而宏揚佛法，但民間仍延僧超度親屬，往寺廟進香還願。道教亦多流於祈禳符咒、誦經禮懺、超度鬼魂、驅魔祛病。其餘廟祀迷信，自清末迄於民初，雖科學日昌，並未能遏止。

　　日常飲食，一般家庭經常不動葷，唯有孝敬長輩，或逢年過節、宴請賓客時，才有雞鴨魚肉等豐盛筵席。主食之外，亦常食用自家釀作的副食品、雜糧、菜蔬等。民國之後，外來食品日趨增多，如巧克力、咖啡、冰淇淋、餅乾、罐頭等，一般民眾亦漸習以為常。

　　衣著方面，老百姓仍多著布衣，一年四季適時添換。男子開始薙辮蓄髮，知識分子、紳士、富人經常穿長袍，穿白布襪子，戴「瓜皮帽」；後來逐漸改穿西裝、大衣、氈帽、「洋襪子」，皮鞋（圖4-2-3）。女子於民初禁纏足，服裝多為寬衣百褶裙，以深色為常，後流行旗袍、洋裝，款式漸奇，顏色亦日見花巧。

　　居住方面，近代改變相當大，建築式樣從平房變為樓房，樓房也由中式改為西式。建築材料更加堅固經濟，空間規畫更為寬敞明亮，廚房、浴室、廁所都

圖4-2-3　民初西服、旗袍裝扮

有了重大改良。而洋燈、電燈的引進，使夜間照明無礙；自來水的裝設，使洗濯飲用更爲方便，都是盛事一椿。

交通方面，在清末，大都市有了火車，北平、天津有電車，上海還有無軌電車、雙層汽車。一般短程交通，有人拉的二輪「東洋車」，上海稱爲「黃包車」。另外，腳踏車在民初已經滿街跑了，至於家庭自用的汽車仍然少之又少。此外，郵政的開展，電報、電話的日漸普及，更使人際的交流益趨方便。

娛樂方面，在清末，除傳統的戲劇、說書、彈唱、雜耍外，照相機、留聲機、電影等娛樂亦已傳入中國。到了民初，大都市建有專門營業的電影院，收門票放映電影，無論是文藝愛情還是神怪俠義片，均非常轟動。

四、兩性關係的轉變

十九世紀末葉以來，中國婦女地位在歷史上邁入一個新的階段。在鴉片戰爭之前，對於婦女問題的改善，雖有不少觀點已被提出，但這些有關男女平等的想法和言論，或是對社會的直接觀察，或是切身的體驗，如反對纏足（圖4-2-4）、反對算命合婚、提倡女子教育、女子參與國事、一夫一妻制，及反對男女貞操問題上的雙重標準等，大多屬於人道的呼聲，並無具體的主張與行動。

鴉片戰後，基於強國強種的要求，及受到西方知識輸入的影響，爲改革兩性社會地位，提供了有力的情勢和條件。太平天國時期，洪、楊首先體會婦女資源的重要，雖然理論政策無法落實，但洪秀全倡言的男女平等，下令禁纏足、禁買賣奴婢、禁娼妓、禁蓄妾，女子

可以跟男子一樣參
加考試，擔任文武
官吏，分得田地，
仍令人一新耳目。
光緒時期，維新派
在婦女問題上，
不但提倡不纏足、
興女學，並且在上
海倡辦了中國女學
會。

圖4-2-4　清末民初纏足之婦女

　　到了二十世紀
初，中國女權運動
轉向積極參加政治活動，排滿革命。主要活動中心有兩個：一在上
海，以女學堂、中國女學會、務本女學、愛國女學最著名；雜誌則有
女報、女界鐘。另一中心在東京，在日本的中國婦女，有的提倡無政
府主義和社會主義；有的鼓吹教育，培養女國民，建設新社會。女留
學生且組織了共愛會，積極提倡救國，鼓吹婦女自立自愛，並創立了
白話報，鑑湖女俠秋瑾即是其中的一員。武昌起義不久，更有湖北和
浙江女子組織軍隊，對清兵作戰。

　　民國成立後，風氣愈形開放，各省、縣幾乎都設有女子中、小
學。民國四年時，美國教會更設立了第一所女子大學——金陵女子大
學；兩年後，北京政府正式開辦北京女子師範專科學校，後改為女子
高等師範學校；在此同時，北大亦准許女子入校旁聽。隨著女子教育
的發展，婦女得到新知識和新思想，提出了反對家族組織、反對舊禮
教、爭取婚姻自由等新主張，並拋棄三從四德，走出家庭，積極參與
社會公共事物。

　　五四期間，北京各女校學生即成立「北京女學界聯合會」，聲援示威活動。五四以後，新思潮宣傳婦女解放，各地婦女團體紛紛成立，至民國十四年（1925）五月更有「中國婦女協會」全國性組織的出現。除了繼續爭取女子參政權外，也要求工作的平等權，更有以改良社會風氣為宗旨，要求戒賭、戒菸、戒嫖。女子因觀念的進步，更熱心參與政治和社會運動，提高了婦女的社會地位，中國社會兩性關係從此發生結構性的改變[6]。

　　新時代的婦女擺脫男性中心的社會價值觀，要求公平地參政、教育、工作權利，及合理的財產分配制度；更了解婦女運動不在爭法律上的平等自由，也不能從男女對立的觀點求發展，唯有兩性攜手合作解決問題，才能實際享受男女平權的實惠。

研究與討論

1.近代中國都市的風貌與舊都市有何不同？

2.近代中國推廣平民教育的情況如何？與臺灣義務教育的發展有何相似之處？

3.中國近代社會生活的演進趨勢如何？

4.近代婦女地位有何改變？

5.討論臺灣兩性關係的成長情形。

6　中國婦女史料、女權運動的研究，可參考李又寧、張玉法編《中國婦女史論文集》（臺北：商務印書館，1992）。

第三節　新文化運動的產生與發展

「五四運動」有狹義與廣義兩種解釋，狹義的解釋是指民國八年五月前後學生所發動的愛國運動。廣義的「五四運動」是指自民國四至十二年間[7]，中國在政治、思想、文化、社會等各階層的改造，包括文學革命、新思潮的引進、社會改造運動、婦女解放運動等，統稱新文化運動。

五四運動本質上只是單純的愛國運動，但由於五四運動前後，新文化運動已蓬勃展開，五四運動的發動者多半是新文化運動的中堅人物，因而五四運動與新文化運動連接在一起，擴大了五四運動的意義、內容和影響。

一、新式教育的推展

新式學校始於清末自強運動時期，可分為三類：1.外國語文學校，如北京同文館、上海廣方言館等；2.實業學堂，如福州船政學堂、上海機器學堂等；3.海陸軍學校，如天津、廣東水師學堂，天津、湖北武備學堂等。

可看出清廷對新式教育的目的有：1.培養翻譯人才，以託付外交重任；2.震於西人船堅砲利，急於培養製造船械和海陸軍人才。

庚子新政全面改制，頒布學堂章程，下令書院改為學堂。光緒

7　一般對廣義「五四運動」時間斷限問題有兩種不同看法：一、周策縱《五四運動史》主張始於民國六年，止於民國十年。二、張玉法《中國近代現代史》則訂民國四至十二年為五四運動的上下限。本書採張氏的看法。因五四時期最具影響力的刊物《新青年》創刊於民國四年，於民國十二年停刊。

三十一年設學部[8]，為我國教育機關之始，負責管理高等教育。中等以下學堂則歸各省新設提學使管轄。光緒三十一年廢科舉。庚子新政時期教育改制的影響：

1. 各省開辦各級學堂。縣學堂相當於高小程度，府學堂相當於中學，省學堂相當於大學預科（圖4-3-1）。
2. 私人興學蔚為風氣，並設立女子學堂。
3. 廢科舉使知識分子得以發揮聰明才智，政治、法律、醫學、新聞等各種專業，逐漸受到重視。

就庚子新政時期教育改制整體分析，所建立的學制多模仿日本，卻為中國教育現代化奠下基礎。

圖4-3-1　清末北京某小學

8　學部於民國三年改為教育部。

　　北京大學是新文化運動的發源地，更是新文化運動的領導中心，其前身為京師大學堂。京師大學堂的最大任務在培養學貫中西的人才，以革新國家社會。但創立之初，學校不過是官僚養成所；即使改稱國立北京大學，風氣依舊。

　　民國六年，充滿教育改革熱誠的蔡元培（圖4-3-2）擔任北大校長，採取重要改革措施：

圖4-3-2　五四時期的蔡元培

（一）鼓勵學生學術研究，組織社團發行刊物

　　蔡元培任職後的首次演講，即要求學生不應以大學為升官發財之階，應以讀書為最大責任，勉勵學生砥礪德行為社會表率。其次，鑑於學生缺乏社團生活，蔡元培囑咐每系均成立學會，並規定凡是學生必隸屬於某社團，並受該社團規約之約束。

　　此外，蔡元培鼓勵師生在校中創辦各種刊物，以《新青年》、《新潮》（圖4-3-3）為代表。《新青年》於民國六至八年倡導文學革命，其編輯群如陳獨秀、胡適、李大釗、錢玄同等教職員。《新潮》則提倡批評精神、科學思想和語文改革，並嚮往俄國革命，在立場上與《新青年》相唱和。其主編者如傅斯年、羅家倫、毛子水、朱自清等學生，在五四運動時期多居領導地位，其後在教育、文化、政治界都顯露頭角，展現了蔡元培教育改革的成果。

圖4-3-3　《新潮》、《新青年》

（二）組織評議會，實行教授治校

蔡元培出掌北大期間，正值北洋軍閥當政。爲防止軍閥干預校政，影響校務正常運作，故採合議制之全校評議會及各科教授會，落實教授治校。

（三）樹立自由學風

蔡元培聘請教員唯才是用，只問學問、能力之有無，而不問其思想、派別、年紀、資格和國籍爲何，以培養自由研究學風。故可見復辟派的辜鴻銘、新帝制派的劉師培、國民黨的王寵惠，及後來變成共產黨的李大釗、陳獨秀、信古派的陳漢章、疑古派的錢玄同、胡適、考古派的王國維，齊聚一堂，共同爲中國高等教育貢獻心力。更

請來當時世界第一流學者，如杜威（John Dewey）、羅素（Bertrand Russell）、泰戈爾（R. Tagore）相繼來華講學，使北大成為百家爭鳴、新思想匯粹之地，呈現出一片新興氣象，國人不再視北大為舊科舉的替身，而是文化前驅、新思想的重鎮。

雖然蔡元培出掌北大時間僅七年，已使北大成為一所現代化的大學，對中國政治、社會、文化均有深遠影響。

二、文學革命

清末民初，在中國盛行的桐城派古文、駢文已不能切合時代的需求。因為：

1. 民國建立，須有適合教育民眾、便利宣傳的大眾化語言工具。
2. 大量翻譯外國作品，國人迫切需要的是一種淺白易懂的語言，以利於國人認識西方科學、藝術和政治。
3. 光緒三十一年廢科舉，文人得以將精神轉移到文學創作上，白話文則提供了最佳的新文體，因此有必要推動白話文及建立新文體。

胡適於民國六年《新青年》、〈文學改良芻議〉提出八不主義，強調「須言之有物，不摹仿古人，須講求文法，不作無病呻吟，務去爛調套語，不用典，不講對仗，不避俗字俗語」。陳獨秀則提出〈文學革命論〉三大主義，主張建設平易的、抒情的國民文學，新鮮的、立誠的寫實文學，明瞭的、通俗的社會文學。

陳獨秀與胡適成為新文化運動初期的兩位主將，接著錢玄同、劉復、周樹人、周作人等學者熱烈鼓吹文學革命，北大學生傅斯年、羅家倫等人亦創刊《新潮》共襄盛舉，一舉造成了白話文運動的風潮。

民國七年，胡適又發表〈建設的文學革命論〉，以「國語的文學，文學的國語」爲建設新文學的宗旨。同年，周作人發表〈人的文學〉，強調文學應記錄和研究人生問題。於是文學革命的內容更加確定，可分爲兩個方向：

（一）文體的改革

以白話文取代文言文，建立白話文學。胡適的八不主義除言之有物、不作無病呻吟外，其他六項均針對文學的形式。適逢北大徵集民間文學、國語統一運動，豐富了白話文學的語彙，並使之更易推行。其次，胡適於民國四年在《科學》發表〈論句讀及文字符號〉一文，文中規定符號十種，其後劉復、錢玄同亦倡導文章要分段、加標點，使文章易懂易讀。

（二）內容的蛻變

陳獨秀〈文學革命論〉、周作人〈人的文學〉均顯示文學的功能應趨向實際，著重傳播時代思想、反映社會及人生問題。

民國七年，《新青年》率先以白話文編排，使用標點符號。民國九年，政府將中小學教科書改用白話文，顯示社會大眾接受了文學革命的形式。胡適完成《嘗試集》、《終身大事》等作品，但成就不盡如人意，只可算是開風氣之先。短篇小說一開始卻非常成功；魯迅（周樹人）的《狂人日記》、《阿Q正傳》（圖4-3-4），純熟地運用西方小說的技巧，並繼承明清小說細膩而深刻的描寫手法，或借思想文化解決社會問題，或用幽默筆法影射中華民族劣根性，因而被稱爲

(1)

(2)

圖4-3-4　(1)魯迅像，(2)豐子愷漫畫中的阿Q

現代小說的始祖。整體而言，此一時期的作品充滿了人道的寫實主
義，反映知識分子熱切期盼國富民強，卻阻礙了作家對人性深入發掘
與藝術技巧的反覆磨鍊，以致文學成就有限，反而易受共產思想的影
響，宣傳馬克思主義，難有獨特的個人表現。

三、文化的保守主義

　　自漢武帝罷黜百家獨尊儒術以來，孔子的學說始終位居中國文
化主流，不時附以時代新意，如兩漢經學、魏晉玄學、宋明理學，皆
係以儒學爲主體，以不同的面貌呈現在國人面前。然而自鴉片戰爭以
來，歷次變法圖強均告失敗；即使民國建立，共和政體亦無法正常運

作。民國元年，康有為創孔教會，提議將孔教定為國教，甚至憲法草案列有「以孔道為培養國民人格的基本」之條文。袁世凱當政，恢復祀孔，欲借儒家勢力護衛專制，並未能達到政治目的，反而使知識分子開始檢討傳統文化，將近代中國的積弱問題歸結到文化的再造上。如陳獨秀認為要提倡民主、科學，首先要排除專制與迷信，而儒家學說正是專制思想的最大憑藉，所以反對孔子學說特別激烈。吳虞認為儒家所提倡的禮教虛偽不實，而冠以「吃人的禮教」的批評。錢玄同、顧頡剛則主張儒家經典多係後人偽造，儒家所標榜的三代以上的美好世界，不過是儒家的「烏托邦」罷了。他們的主張動搖儒家的權威性，全面否定中國的文化傳統。

在打倒孔家店的氛圍中，開始有人從事國故的整理工作。其目的有三：

1. 新文化運動者，如胡適，提倡整理國故是為了在中國傳統中「捉妖打鬼」。

2. 高唱國粹思想的學者，如梁漱溟、康有為，則在於彰顯傳統文化。梁漱溟甚至認定儒家思想是世上所有其他文化所不及，無保留地擁護中國文化。

3. 中庸態度的知識分子，如梁啟超，整理國故在於發揚中國遺產的精華所在。除了國粹思想的學者基於衛道精神、懷舊情感外，有些學者採近代科學方法，懷疑評判的態度，重估中國文化的價值。較有成就者有胡適、梁啟超和王國維。

胡適用歷史演進法考證《三國演義》等書，認為文學的創作往往由簡而繁，逐代潤飾，漸成規模，而提出「滾雪球」理論。其成名作《中國哲學史大綱》，則重新樹立墨家的思想系統，為胡適整理國故的一大貢獻。

王國維則使用十九世紀末新出土的文物，如甲骨文、印證文獻資

料，證明商、周二代存在的史實，將中國信史上溯至四千年前。

梁啓超於歐戰結束後返國，一則不滿新文化運動者持論過於偏激，一則受歐洲學者仰慕中國文化的影響，對國故整理大感興趣，完成《中國歷史研究法》、《清代學術概論》等書，其最大的貢獻在於整理清代思想史。

在國故整理的過程中，許多新論述對古代史事與思想的解釋，反而突顯出儒家眞正價值所在，批評與攻擊僅能去除儒家學說的權威性與不合時宜的部分。儒家文化亦如過往，隨時代豐富其意義，遂有現代「新儒學」產生，主張中國應採取西方文化的優點，同時也以中國的人生態度來矯正西方文化的弊端。儒家學說不再定於一尊，重新受到肯定。

四、新文化運動與五四

甲午戰後，日本成爲中國最大的外患。民國成立，日本對中國事務的介入益發深遠。民國三年，歐戰爆發，日本藉口英日同盟，出兵山東侵占膠濟鐵路及青島。民國四年，青島德軍投降後，日本拒絕退兵，反而提出二十一條要求，除了獨占山東權益，更欲控制全中國。袁世凱政府被迫於當年五月九日接受，是爲「五九國恥」。民國八年，戰後和會於巴黎舉行，中國依據美總統威爾遜（Woodrow Wilson）所提十四點和平原則，要求收回德國戰前侵我山東的一切權利。但日本事先已獲英、法支持，又有北京政府對日本繼承德國在山東權利「欣然同意」的換文，導致我外交失敗（圖4-3-5）。

消息傳回國內，舉國憤慨，青年學生尤爲激昂，他們痛恨日本及列強的壓迫，更痛恨民國四年以來辦理對日交涉的曹汝霖、陸宗

興、章宗祥之誤國。民國八年五
月四日（圖4-3-6），北京各校
學生三千餘人，以「內除國賊，
外爭主權」為口號，遊行請願。
憤怒的學生搗毀曹宅，痛毆駐日
公使章宗祥，因而學生三十二人
被捕。然而聲援愛國學生的浪潮
隨即擴展到各地，各界罷工、罷
市、罷課。北京政府在強大民眾
壓力下，終於下令免了曹、章、
陸的職務，並且拒絕簽署對德和
約。七月底，全國學生聯合會宣
告停止罷課，五四運動到此結
束。

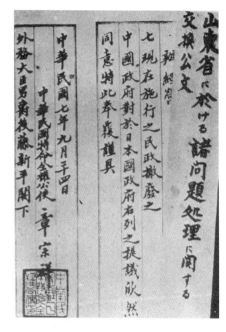

圖4-3-5　山東密約之復函

圖4-3-6　五四運動遊行前開會圖

　　五四運動乃基於政治民族主義之覺悟，對外以爭取整個民族國家之自主獨立爲奮鬥目標，於是結合社會各階層人士，以文明排外之方式，對軍閥及帝國主義施以壓力，雖然強權霸道根深柢固，未易搖撼，國人「內除國賊，外爭主權」之運動如螳臂擋車，但昂揚的民族主義匯成洪濤巨流的愛國行動，終使軍閥政府軟化屈服，使帝國主義震驚失措，這是近代中國以民族主義對抗強權獲致顯著效果的一個例子。

　　受過五四運動的洗禮後，中國社會已生鉅變，古老的中國傳統體制根本動搖，而出現的西方文化精義[9]尚未經過批判地接受，無法落實於中國社會。外資外貨已大量湧現於市場，而民族工業的初胚尚未形成氣候。農村正在迅速破產中，種種嚴重的現實問題開始逼人而來，而相應這些現實的問題，又有一大串自外湧入的「主義」[10]。反映出中國久經戰亂，知識分子操之過急，凡中國所無，不論是否適合，莫不視爲救國良方傾全力宣揚，其中對中國影響最大的是馬克思（Karl Marx）思想，民國八年《新青年》刊出馬克斯專號，介紹階級鬥爭、唯物史觀。同年，陳獨秀在北京散發傳單被捕，思想轉趨激烈，釋放後轉往上海，與共產國際接觸，在中國進行勞動階級革命。

　　此時，中國的知識分子漸成二派：一派主張應取法英、美，遵照民主、科學、自由之路，循序漸進。一般社會大眾傾向於此，但卻議論紛紛，莫衷一是。另一派認爲應取法蘇聯，採俄共革命方式，徹底解決中國問題。支持者雖少，但組織嚴密，促成中國共產黨的組成，

9 如羅素《自由創造的思想》、叔本華（A. Schopenhauer）《意志說》、尼采（E. W. Nietzsche）的超人理論、康德（Immanuel Kant）《知識論》、柏格森（H. Bergson）《變的哲學》、杜威的實驗主義等。
10 例如，國家社會主義（Nationalsocialism）、烏托邦社會主義（Utopianism）、無政府主義（Anarchism）、個人自由主義（Individualism）、基爾特社會主義（Guild socialism）。

並迅速發展蔓延，造成今日兩岸分隔的局面。

　　新文化運動的主要內涵爲文學革命、檢討傳統文化、引進新思潮。其目標在創造新文化、擴大國人思想境界與知識領域，使民主與科學的觀念深入人心。但新文化運動推動者自信心太強，思想未成熟，且迷失於各種主義、各家學說、各國制度，並未看清歷史發展的正確方向。故史家對新文化運動評價不一，但新文化運動已由晚清學習西人的「船堅砲利」和「政法制度」層面，提升到學習「思想文化」層面的努力與成就，且受到肯定。

研究與討論 ■

1.請提出你對學運的看法，並評論「五四運動」學生愛國運動。

2.請分析新式教育改革的成效及其影響。

3.試論析新文化運動的貢獻與缺失。

4.請同學閱讀一本新文化運動時期的小說，並提出心得報告。

5.請同學描述心中理想的學校。

第四節　現代中國的政治發展

　　中國在政治近代化的發展過程中，選擇了民主政治，建立共和政體。但政治的實際發展，卻又出現袁世凱帝制、軍閥割據亂政的局面，於是政治民主化運動遭受嚴重的摧殘。民國十三年以後，中國政治發展急劇轉變，國民黨以三民主義為最高指導原則，擬訂軍政、訓政、憲政為建國三階段逐次實施，至民國三十六年實施憲政。但因大陸情勢逆轉，宣布戡亂戒嚴，至民國八十一年終止動員戡亂，才算是真正還政於民。自民國三十九年，中共統治大陸與據守在臺灣的中華民國，形成長期對峙。大陸同胞經歷共產主義試驗的失敗、文化大革命的浩劫，生活艱困。但在鄧小平的當權下，採開放改革路線，出現前所未有的經濟繁榮景象，並不時要求民主改革，不幸發生天安門事件，遭到無情的武力鎮壓，證明中共的統治離民主政治還有段遙遠的距離。

一、共和政體的建立及其發展

　　甲午戰後，孫中山先生積極展開革命事業。他既有國學基礎，復受近代科學教育，所設想的救國方案，自與純受中國傳統文化陶冶的曾國藩、李鴻章等人所推行之自強運動，間接受西洋文化的康有為、梁啟超所提倡之維新運動迥然不同。中山先生尤醉心於美國民主政治，主張民選總統，要推翻滿清，廢除帝制，建立共和。從同盟會誓詞中的「驅除韃虜，恢復中華，建立民國，平均地權」，可歸納出其革命事業的主要動力為三民主義（圖4-4-1）。

驅除韃虜恢復中華　敬生同志

創立民國平均地權　孫文書

(1)　　　　　　　　　(2)

圖4-4-1　(1)孫中山手書「同盟會誓詞」，(2)首創三民主義的孫中山先生

　　三民主義分為民族主義、民權主義、民生主義。據張玉法的研究，民族主義可分為對內和對外兩部分。清末對外的民族主義為激烈的民族主義和溫和的民族主義兩種：激烈的民族主義，如義和團排斥所有外國人、事、物；溫和的民族主義，如紳商學界要求收回開礦權、修路權等利權。對內的民族主義也可分為激烈和溫和的兩派：激烈的主張極端排滿，如光復會；溫和的民族主義，如蔡元培、孫中山，則主張讓滿人交出政權。武昌起義後對滿清未採取報復手段，只迫使清廷交出政權，甚至訂立優待清室的辦法，即為對內溫和的民族主義的表現。

　　武昌起義的導火線，由收回利權運動之四川保路運動所引起，即對外溫和的民族主義。光緒末年，興辦粵漢、川漢兩路，核定由紳商

自辦。但籌款不足、無法解決技術困難、商董侵吞股款等弊端層出不
窮，以致完工遙遙無期。清廷不得不將鐵路收歸國有，向四國銀行團
借款著手興建。從人民的眼光看來，此舉形同出賣國家利權，再加上
清廷補償不公，對四川不付現金（圖4-4-2）。粵、湘、鄂、川四省
紳商發動「保路運動」，其中以川人因損失最重，故反應最為激烈。
革命黨人趁機煽動，終於促成全國性的反滿風潮，一舉推翻清廷，建
立民國。

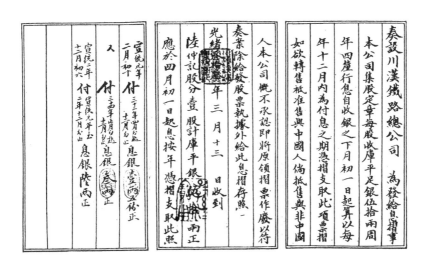

圖4-4-2　川漢鐵路總公司股息憑摺

　　民國成立後，對內的民族問題，因主張五族共和而消弭於無形，
但對外的民族主義卻遭遇挫折。巴黎和會將山東利權歸屬日本引發
五四運動，便是民族主義的另一種展現。民國十七年，國民政府以和
平方式解決南京事件[11]獲得各國承認，即與各國交涉廢除不平等條約

---

11 國民革命軍克復南京的第二天，程潛所部的第六軍對英、美、日三國領事館肆意劫掠，引起英、美

事宜。如民國十九年收回威海衛租借地，實施關稅自主。民國三十二年，更與英、美另訂平等新約，終於獲得國際地平等。

在民權主義方面，民國元年訂立《臨時約法》，採內閣制，反映國人醉心英、法、日等國制度，並思反制袁世凱破壞民國之野心。然這些期盼終成幻影，民國二年袁氏解散國會，三年主導制訂《中華民國約法》，改採「超總統制」12，總統可為終身職，終至竊國稱帝。可見民初的中國，並未落實民權主義，反而大開民主倒車。

民國五至十七年間，軍閥亂政，民主制度日漸萎縮。北伐完成後，依據《建國大綱》應屬訓政時期，雖然取消性別、財產、教育程度等選民限制，較清末、民初選舉時選民的資格為寬，就某種意義而言，是落實民權主義中的政治地位平等。但訓政同時亦要求人民接受中國國民黨的指導，實行地方自治，不可以有黨外活動，故反對者眾13。民國三十六年結束訓政，實施憲政。但不久即制訂《動員戡亂時期臨時條款》凍結憲政，於是民國四〇、五〇年代的臺灣為因應現實環境，採取民主憲政與戡亂戒嚴的並行政治體制。

六〇年代，臺灣面臨中產階級興起改革的呼聲升高，及外交上的挫敗14，行政院長蔣經國開始推行政治本土化，並寬容反對運動，加速臺灣政治開放腳步。民國七十六年宣布解嚴、開放大陸探親；民國七十七年解除報禁與黨禁。民國八十年，一屆中央民代全部退職，並選出二屆國代。民國八十一年正式終止動戡時期，一切回歸憲法正常體制，民權主義漸趨落實。

泊下關的軍艦開砲轟擊國民革命軍。

12 袁世凱公布修正大總統選舉法，把大總統任期由五年改為十年，並得無限期連任，無異使自己變成終身大總統；且大總統有權指定三人為下屆大總統候選人，這是世襲制度的變相與復活。

13 如胡適、羅龍基。

14 民國六十年，我退出聯合國。民國六十一年，中華民國與日本斷交。

在民生主義方面，中山先生有鑑於中國自古以農立國，大部分的土地集中於少數地主之手，財富分配不均。及歐美列強於工業革命後經濟突飛猛進，卻因貧富懸殊，引發社會問題，故提出民生主義。主張平均地權，節制私人資本，發達國家資本，其一貫的精神爲求均富。其具體作法爲在農村實行耕者有其田，在都市地區實行漲價歸公。另外，主張交通、水電等大企業由國家經營。民國建立後，中山先生沒有機會落實其高瞻遠矚的理想，以致農村土地依舊集中於少數人，而大城市出現了新興的資本家，中國步上資本主義國家的後塵。

民國三十八年，政府播遷來臺，實施一連串土地改革措施[15]（圖4-4-3）。由於政府徹底執行，及其確能造成經濟誘因與激發農民投資意願等諸多成功因素，不但使土地改革成功，更爲日後的臺灣經濟奇蹟奠定堅實基礎。

二、中央集權與地方分權

中央政府與地方政府的權限關係，是任何國家共同面對的問題。中央集權制，即國家一切權力歸中央擁有，地方政府不自行決策，而是中央政府決策的執行者。其優點爲中央政府統籌全國事務，政令一致並能貫徹執行，避免地方割據。其缺點爲忽略地方需要，阻礙地方發展，人民參與中央政事機會有限，不合民主思潮。地方分權制，即中央與地方各自有一定權限，彼此不互相干預，地方在其權限範圍內具決定並執行政策的權力。其優、缺點與中央集權相反，故兩者並無

---

15 民國三十八年實施「三七五減租」，四十年開始「公地放領」，至四十二年實施「耕者有其田」，四十三年實施「都市平均地權條例」。

佃農申請代寫三七五租約

耕者有其田宣傳工作隊出發下鄉工作

三七五減租後，佃農繳納地租給地主

佃農排隊申請承領土地

三七五減租後佃農生活改善，新建住屋

農民以稻穀繳納承領土地地價

圖4-4-3　臺灣土地改革

絕對的優、劣可言，端視是否適合國情。

　　中國幅員遼闊，難免因地域關係、農業社會，造成中國社會結合力很大，而領土結合力很小。易言之，地方意識高於國家意識。然中

國並非如歐洲各國分立，乃因自秦漢以來，中國已是統一的國家，而儒家大一統的觀念，早於春秋之際已被每個中國人視爲理所當然。秦漢以後，專制君主的統治技巧與官僚制度，也強化了中國大帝國的結合力。故歸納出專制政體、官僚體制及儒家文化的薰陶，是使中國結合的三大力量。

專制政體使全部統治地區有效地被控制在同一制度中。官僚體制是藉科舉拔擢平民爲官，並以官作爲中央與地方溝通橋梁，使地方士紳對中央有向心力。漢武帝獨尊儒術、宋元以後科舉主試四書五經，使儒家教育影響深遠，上至士族、下至農民均受其薰陶，尤其儒家尊君思想更是有利大帝國的運行。故中國大部分的時間採行中央集權，只有中央政治不堪聞問的時代，才顯現出地方分權的傾向，如周末老莊的小國寡民思想、魏晉南北朝的塢堡政治、明末清初的鄉約自治。

清末太平天國的平定，不是靠國家軍隊，而是靠鄉勇團練；甚至經費亦非來自朝廷，而是地方督撫新設名爲「釐金」的商業稅。於是地方政府掌控財、軍大權，而自強運動的推動，更加重了各省督撫在區域經濟中獨斷獨行的角色。到了庚子之役，東南自保運動等於地方政府公然漠視朝廷之宣戰詔，私自與外人達成中立協議，代表專制政體面臨挑戰。光緒三十一年廢科舉，傳統的士紳地位爲留學國外的知識分子所取代，而這批知識分子不再扮演中央與地方溝通的角色；反而引進盧梭的聯邦思想、孟德斯鳩的制衡理論，特別是新興起的「多元國家觀」，打破了傳統儒家的單一主權觀念，強調絕對的權威並不存在，互相制衡反足以保障現代國民的民主生活。

武昌起義的成功直接因素爲川路風潮，代表川鄂湘粵的地方勢力與清廷中央利益的衝突。而各省響應，反應了長久以來地方主義與北京朝廷的離心離德，在如此前提下成立的臨時政府，聯邦政府色彩濃厚，當然對臨時大總統多方限制。此限制自不爲假口統一而大唱中央

集權的袁世凱所接受，反對袁世凱特權的勢力，除了國民黨之外，南方各省都督亦是實際支持者。對抗的實際行動即二次革命，袁世凱不但將地方勢力一一排除，更公布《中華民國約法》，使自己總攬國家統治權，建立強有力的中央政府。

袁世凱死後，軍閥割據南北分裂，民國十年，直、奉兩系所控制的北軍南下，湘省受禍最深，湘人熊希齡提倡聯省自治。其步驟為各省制定省憲，組成省政府，實行自治，再由聯省會議制定聯省憲法，組織中央政府。不僅解決南北護法之爭議，又可將國家之事權畫清界限，藉此將軍權收歸中央，免除軍閥割據之弊。但時人作此想法者並不多，南方軍閥想假自治之名，陰圖割據之實；北方軍閥，如吳佩孚起而反對。中山先生則認為，聯省自治無異保護小軍閥，談不上是自治，徒只削弱中央，不能統一。故聯省自治運動之推展極為緩慢，僅湖南省完成自治。

中山先生鑑於聯省自治空氣迷濔全國，故對中央與地方權限問題採均權主義。凡事務有全國一致之性質者，畫歸中央，有因地制宜之性質者，畫歸地方，不偏於中央集權或地方分權。現行《中華民國憲法》對於中央與地方之權限畫分，即據此而來的。

民國十七年北伐完成，進入訓政時期，在國民黨以黨治國的理念下，舉凡立法原則、施政方針，及政務官的任免，皆由政治委員會議決，再交國民政府執行。雖然各級地方黨部不直接與各級政府發生統屬關係，但各級黨部的監委對於同級政府有權稽核，其施政方針及政績是否根據黨的政綱與政策。故仍屬於中央集權，只不過國家統治權不在中央政府而在中央黨部。

民國三十六年底通過《中華民國憲法》，中華民國進入憲政時代，中央與地方之權限畫分完全依照憲法所列均權主義，雖有事權爭議、財源分配等問題，已不復存在中央集權與地方分權的對抗，竟致

戰禍連連的僵局。

三、中共政權的成立與發展

　　中共的興起具有特殊的時代背景，五四運動提供中共興起的有利條件。首先，新文化運動攻擊、破壞傳統思想，使馬克思主義填補了部分新知識分子的思想真空；其次，俄國發生革命，列寧建立共產政權，接連二次宣布無條件取消在華特權，使中國人心大為折服；第三，一次大戰期間，中國工業有相當的發展，工人階層隨之崛起，造成中共發展的社會條件。加上共產國際刻意移植，不但指導理論與謀略，更提供金錢支援。於是共產國際派胡定斯基（Gregory Voitinsky）來華，誘使李大釗、陳獨秀（圖4-4-4）發展共產組織。民國十年，中共首次全代會於上海舉行，宣布了中共的成立。

(1)　　　　　　　　　　　　　　(2)

圖4-4-4　(1)李大釗、(2)陳獨秀像

　　中共成立後，由於國父主張「聯俄容共」，因此中共得以寄生於國民黨陣營。民國十六年蔣中正開始清黨，中共改採城市武裝革命，但遭失敗。毛澤東改以農民為共產運動主體，發展出「農村包圍城市」的策略和游擊戰術，逐漸於江西建立蘇維埃政權。國民政府亦開始展開一連串圍剿，民國二十五年十二月，共軍被追擊至陝北，兵力已不及三萬人。同月十二日，張學良、楊虎城實施兵諫，挾持蔣中正，史稱「西安事變」，蔣中正被迫停止剿共，在民族主義的旗幟下與共黨聯合抗日，共黨得以度過危機。抗戰期間，中共以陝甘為根據地，改採群眾運動、軍事控制和農民革命路線，透過土改，消滅地主，解決中國農村問題，全面發展共黨勢力。

　　抗戰結束後，國共經過四年的內戰，中共取得壓倒性勝利。民國三十八年十月一日，中華人民共和國成立。中共透過中央到村落、工廠到學校的黨委組織，有效靈活地控制社會每一個角落；並加強控制知識分子，初則允許知識分子「大鳴大放」，繼而轉變為反右派鬥爭，迫害知識分子。中共沒收、重新分配地主的土地，畫分階級，並利用階級鬥爭的矛盾，使百萬地主階級慘遭殺害，於民國四十一年完成土地改革。民國四十二年，中共發展農業合作社，在農村推廣集體所有制。民國四十七年，大力推行人民公社，分配農民組成生產小隊、大隊，完成各種專門生產事業，全國共建立了七萬多個人民公社，直接控制農民的生活，實行極權政治。

　　中共政權建立後，第一個五年經濟計畫[16]雖然相當成功，但依然

---

16 中共的經濟計畫，按時間的連續性，可分為長期計畫、中期計畫和年度計畫。而中期計畫即五年計畫，中共自民國四十二至七十四年，共實施六個五年計畫。第一個五年計畫的主要內容為「一化三改」，即農業、手工業、資本主義工商業的社會主義改造。由於中共「重工輕農」，百分之四十八的資金投置於工業，而工業投資中百分之八十五集中於重工業，尤其與國防工業有關的機械工業。不得不減少對農業的投資，壓低農產品價格，使農業發展困難重重。手工業與工商業方面的社會主義改造也使得本來活絡的城鄉市場趨向停頓。「重工輕農」導致資金耗竭、民生日用品匱乏、勞動

無法解決人口過盛、糧食不足、都市失業等問題，本應調慢對重工業的投資步調，但毛澤東則認為發揮「延安精神」，動員群眾，促使農工業高度發展，在十五年內超英趕美，推行「大躍進」，才是解決之道。於是，人民開始土法煉鋼、各地農產品均謊稱增產一倍。政府據此徵稅，造成一場人為大饑荒。大躍進失敗，毛澤東不得不退居第二線，由劉少奇、鄧小平取而代之。

劉少奇採取經濟放任政策，獲得多數人民的支持。毛澤東為了奪權排除異己，開始點燃一場「十年浩劫」的文化大革命，首先批判《海瑞罷官》[17]影射時政。繼而於民國五十五年發動北大學生組成紅衛兵，以「革命無罪、造反有理」四處串聯，以打砸搶的行動攻擊既有權威，破壞傳統文化，包括劉少奇、知識分子、師長、父母，甚至共黨政權，無一倖免，全國一片混亂。毛澤東為防止中共政權崩潰，解散紅衛兵，下放學生到農村，由解放軍維持社會秩序。十年文革確實樹立毛澤東的個人崇拜，並達到打擊異己的效果；但也造成極大的傷害，在文革期間教育停頓，青年無法完成學業，導致文化真空，更使中國現代化的進程為之倒退。

民國六十五年毛澤東過世，四人幫[18]被捕，文革正式結束。鄧小平復出，採改革開放路線，即借資本主義國家的現代化科技及財力，實施工業、農業、國防、科技四個現代化，以搞活經濟為主要目標，頗具成效。以利潤為導向的個體經濟、公私混合體制，確實使久處動亂的中國展現蓬勃的新氣象。隨著經濟發展的同時，要求民主的呼聲

力過剩等危機。
17 民國五十五年，姚文元批評吳晗《海瑞罷官》一劇將彭德懷比成明朝清官海瑞，被罵的皇帝則換成毛澤東，並影射大躍進的失敗。
18 江青、張春橋、姚文元、王洪文。

亦逐漸升高[19]。知識分子不滿長期中共政權過緊的控制，言論及思想的自由受到諸多限制，要求改革又得不到回應的情況下。民國七十八年（1989）六月四日終於爆發「天安門事件」，百萬人民狂熱參與，卻遭到中共武力鎮壓。顯然知識分子與中共間對民主認知差距頗大，而中共也因此被國際指責爲不尊重人權的政權。大陸人民自五四運動追求民主的目標，經過七十年後仍未達成。

研究與討論

1. 試分析中共、太平天國對土地的看法，並比較海峽兩岸推動土地改革方式的異同。

2. 中國現代史上出現兩個政府對峙的情況兩次（民國六年護法政府對抗北洋軍閥政府，及現今國民黨政府、中共政府各據一方），試論述其治國理念，及何者較適合人民。

3. 請參考一本有關文革的書籍，並分析文革的本質及其影響。

4. 中國國民黨因何施行訓政？訓政時期的黨政關係爲何？

5. 試就臺灣現況分析，中央集權、地方分權何者較適合民眾的需求。

6. 簡述現代中國民主政治的演進過程。

---

19 民國六十五年四五運動、民國六十七年北平西單出現民主牆、民國六十八年出現地下刊物《北京之春》。

第五節　臺灣經驗與中國文化的展望

　　中國文化自新石器時代開始，歷經數千年來的發展，不斷吸收、融合外來文化，數度創造了燦爛輝煌的成就；但近百年來，中國文化因西方文化不斷的挑戰，而出現中斷的危機。因此，本節首先介紹臺灣的原住民文化，其次介紹漢人在臺灣的移墾社會，及現代化的追求與實踐，並敘及臺灣環保與經濟發展的現狀，希望藉由臺灣經驗，爲中國文化未來的發展尋出一條康莊大道。

一、臺灣的原住民文化

　　臺灣的原住民依居住的地緣特色來區分，可以分爲平埔族與高山族兩大類；另外，日月潭的邵族因爲長期與漢人有所接觸，故一般將之稱爲「化蕃」。

　　平埔族一般居住在平地或盆地平原帶。平埔族是母系社會，家系、財產的繼承是母女相傳。部落的公共事務則由男子來負責，部落中有十二人組成的長老會議，提供意見供部落大會參考；此外，也負責懲罰違背部落禁忌的成員，以維持部落秩序。至於生產方式，則以粗放農作、狩獵及捕魚爲主。在宗教方面，相信有神、靈魂存在，每年舉行祖靈祭。由於平埔族是母系社會，男子皆入贅女家，隨妻而居、從事勞役；清初朝廷頒布渡臺禁令，明訂男子不得攜眷來臺，而冒險來臺的羅漢腳[20]爲了傳宗接代，往往以當地平埔族女子作爲對象。但是漢人向以父系血統爲主，因此所生子嗣皆傳承父親姓氏，並

---

20 羅漢腳指單身的流浪漢，在大陸地區一般都是貧無立錐之地且身無長物之人。

隨之漢化，故南臺灣流行一則諺語：「有唐山公，無唐山媽。」目前平埔族的後裔大都已融入漢人社會，已看不到屬於自己的聚落。目前我們習稱的原住民主要指高山族而言。

高山族則聚居在高山地區，臺灣的高山族共有九族，分別是布農族、鄒族、排灣族、魯凱族、賽夏族、阿美族、卑南族、泰雅族、達悟族（原稱雅美族）等，其中阿美族人口最多，賽夏族人口最少。高山族的社會組織各有特色，像阿美族、卑南族兩族是母系社會，家系、財產的繼承是母女相傳。賽夏族、布農族、鄒族三族都是父系社會，部落內有完整的氏族組織系統。排灣族、魯凱族兩族爲貴族社會，土地是貴族所有，佃民不論在地裡工作，或在溪裡捕魚、山林狩獵，都要繳納租稅；貴族的繼嗣，在排灣族是男女皆可繼承，而魯凱族則以男子優先。泰雅族親族組織較鬆散，以祭團（泛親族組織）來代替親族團體，重視的是地域功能。達悟族社會中沒有氏族組織，與他們生活最密切的是漁團組織，同一漁團的成員有造船、修船及共同漁撈的義務，也有平分漁獲物的權利。高山族的經濟生活以粗作農業、狩獵爲主。高山族的神靈觀念大體屬於精靈崇拜，但各族的觀念不一，像泰雅族、達悟族、賽夏族只有靈魂的觀念而無神的觀念；布農族、鄒族有專業神，但神靈尚未人格化；排灣族、阿美族、卑南族等族，則有多神的傾向，神靈已系統化、人格化，甚至有雕刻的神像。此外，各族還有個別的祭典，像布農族的打耳祭（每年四月底舉行，以箭射鹿耳，祈求狩獵豐收）、卑南族的猴祭，都是著名的少年禮；達悟族的飛魚祭、賽夏族的矮靈祭（十一月初舉行，二年一次）、阿美族的豐年祭（主要在感謝祈福，慶祝豐收，並促進部落團結）及排灣族的五年祭（每五年舉行一次，族人團聚在一起，酬謝祖靈）等，都是高山族傳統的歲時祭儀。

光復後，尤其四〇年代，政府頒布「促進山地行政建設計畫大

綱」，提出「山地平地化」的目標，這促使部落原有的社會組織漸漸
瓦解。同時，在工業化的衝擊之下，社會已急速變遷，國民教育的普
及，臺灣的原住民在語言、宗教、生活習俗等方面，都接受了近代化
的洗禮，因此，原住民的傳統文化僅能在各族舉行祭典時，做象徵性
的展現。

二、漢人的移墾社會

　　漢人在臺灣的移墾，係先澎湖而後臺灣。宋代已有漢人到澎湖居
住（圖4-5-1），並到臺灣本島活動。元代曾在澎湖設置巡檢司，維
持治安，不過，仍不是大規模的移墾。

圖4-5-1　澎湖宋代建築遺址

明朝鑑於倭寇、海盜肆虐大陸沿海，實行海禁政策，禁止漁民出海活動，並廢除澎湖巡檢司，將澎湖百姓遷回福建的漳州和泉州。但是，在海禁政策下的徙民墟地措施，並未收到實效，澎湖仍是沿海漁民的魚場，或成為海上武裝商團、海盜和倭寇的基地和巢穴。因此，臺灣透過澎湖與大陸的接觸更為頻繁，在臺灣北部，已有漢人從事硫礦、黃金的交易活動。

在荷蘭人占領臺灣前，明朝政府從未派人到臺灣。此期間在臺灣活動的漢人，以顏思齊、鄭芝龍最具實力。他們引進一批漢人（閩南、粵東為主）在臺灣從事開墾，為漢人在臺灣的農墾事業奠下初基。

十五世紀末，歐洲人發現新航路，紛紛到遠東尋覓殖民地，初期以葡萄牙和西班牙人占優勢。至十七世紀初，在遠東的角逐，形成葡、西、英、荷四強鼎立。

荷蘭為在中國沿海拓展貿易，企圖建立貿易據點，曾兩度攻占澎湖未果[21]（圖4-5-2），遂在天啓四年（1624）轉往大員（今安平），於是臺灣被荷蘭人所占領。

荷蘭人占有臺灣長達三十八年，在臺灣推廣甘蔗、稻米等經濟作物，輸往日本、波斯等地，賺取

圖4-5-2　沈有容諭退紅毛番韋麻郎碑

---

21 荷蘭於明萬曆三十二年（1604）及天啓二年（1622）兩度占領澎湖。

貿易利潤。因此,需要大量勞力,所以積極獎勵漢人來臺移墾,時值明清之際,中國動亂,想移居海外的漢人也多,故漢人大量湧入臺灣。至崇禎十一年(1638),在臺灣的漢人已由荷據初期的五千人,擴增到一萬人左右,對臺灣的農作耕地進行大規模的開發。

　　將臺灣自荷蘭人手中收回的是鄭成功。滿清入關後,鄭成功在其父鄭芝龍降清後,以金門、廈門為基地,開始轉戰大陸沿海,進行反清復明的運動。永曆十三年(1659),鄭成功一度攻克南京,以實力不足而敗退,再加上清軍隨時有再進犯的可能,於是圖謀另闢新基地,乃接受何斌建議,決定東征臺灣。

　　永曆十五年(1661),鄭成功自金門料羅灣出發,經澎湖,抵達臺南鹿耳門,圍攻荷蘭人的熱蘭遮城,荷軍彈盡援絕,遂於是年底投降,荷蘭人退出臺灣,鄭成功在臺灣建立了第一個漢人政權。

　　鄭成功入臺後,為安頓大量軍民,除加強貿易外,特別積極推動拓墾事業,拓墾的範圍由承天府和安平鎮為開始,漸次向外開展,南至鳳山、恆春,北到嘉義、雲林、彰化、埔里、苗栗、新竹、淡水和基隆等地。在文化方面,設學校,並開科取士,推展文教,使臺灣的漢人文教發展奠下基礎。

　　清康熙二十二年(1683),清廷派施琅率兵攻打臺灣,鄭氏政權告亡。基於鞏固中國東南沿海國防和治安的考量,清廷將臺灣納入版圖。因此,對漢人移民來臺開墾,採取多方的限制,例如:禁止移民攜眷等。在同治十三年牡丹社事件發生後,清廷決定開發臺灣,漢人才可自由移民臺灣。中法戰爭後,臺灣正式設省,劉銘傳任首任巡撫,在臺推行新政,實行現代化改革,使臺灣成為當時中國現代化省分之一。

　　清代臺灣,移民取得土地有兩種方式:無主地向地方縣府申請,經查無礙民番就可開墾;有主的熟番地,由漢人向熟番私自訂承租

（圖4-5-3）。由於早期開墾資金龐大，故多採合股開墾。

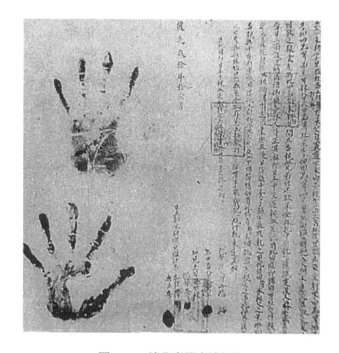

圖4-5-3　清代臺灣賣地契約

　　開墾成功與否，水圳的興築成關鍵，故在臺灣有大規模水圳的興建[22]。水圳完成後，開墾速度加快，聚落和街市隨之勃興。臺灣與大陸之間貿易的中介機構「郊」也出現。

　　移民渡海來臺，常攜神像及香包伴隨，祈求平安。因此，透過村廟建立，神明信仰，形成大小的祭祀圈，成為臺灣社會的重要組織；同時也透過血緣關係，成立以同姓為主的祭祀公業，是社會組織的另外一種型態。

---

22 著名的水圳有彰化的八堡圳、臺中的貓霧捒圳、臺北的瑠公圳及大安圳。

　　祭祀圈與祭祀公業兩大民間組織，在清領時期扮演雙重角色。一方面爲統治需要，清政府透過科舉，選士人爲官，以安定社會，鞏固皇權；另一方面，當公權力不張，吏治敗壞時，又扮演求生存的群體，清領時期的民間械鬥和民變的頻傳，與此兩大組織有密切的關係。

三、現代化的追求與實踐

　　自光復以來至今，臺灣經濟發展的歷程，已爲世界經濟學者視爲開發中國家邁向現代化最成功的實例。據彭懷恩博士的分析，臺灣經濟發展萌芽於民國三十八至四十二年和平的土地改革，佃農取得私有土地，進而刺激生產意願，再配合農業技術的改革，使農業產量不但自足，尚可外銷。再加上美援的運用，臺灣經濟步上起飛之路。

　　民國四○年代爲進口替代時期，政府開始實施一連串經建計畫，首先「以農業培養工業，以工業發展農業」。以農產品及其加工品賺取外匯，進口機器設備與原料；並發展技術簡單、資本少、勞力密集的工業，如紡織、合板與家電裝配等產業，替代進口。

　　五○年代爲出口擴張時期，政府致力於改善投資環境、鼓勵投資，以拓展國外市場。六○年代適值石油危機、國際貿易保護主義盛行，我國出口增加減緩。政府爲吸納失業勞動力及維持國內經濟活動，開始進行十大建設，以發展重工業、化學工業，推動產業結構轉型。

　　七○年代至今，因大量的超額儲蓄已不利經濟發展，鉅額出超亦引發貿易摩擦及物價膨脹的壓力等問題，政府推動經濟自由化及國際

化，並開始十四項重要建設。

　　總結臺灣推動經濟現代化成功的原因有三：人民勤奮與有創造性的勞力、科技與文化人士的知識與腦力、政府的帶領與推動。但臺灣步向工業化與資本化同時，社會對企業家和工程師的評價已高逾知識階層。此一發展雖扭轉了「萬般皆下品，唯有讀書高」的觀念，更影響到青年就業抉擇偏重工商業，使文法人才素質降低。因此，如何在這重視商業文化的社會，保持人文精神和文化素質，避免受到庸俗而商業化的汙染，已成為所有文化工作者重視的課題。

　　隨著工業化的發展，臺灣社會也產生重大變遷。首先，職業改變的結果，大批人口湧向都市。北部以臺北市為中心、南部以高雄市為中心。人口移動造成臺灣社會諸多問題，人口過度集中於都市，產生住宅不足、交通、教育、貧民窟、犯罪、擁擠等問題。而人口移出農村，造成農業勞動力不足，工資上漲現象，鄉村成為老年社會，人口素質下降，地方建設缺乏優秀人才領導。

　　人口移動的另一影響是傳統大家庭瓦解，核心家庭成為主要型態。於是動搖了傳統權威、改變了以家庭為中心的傳統人際關係，再加上歐美文化的交叉影響，許多人因而產生矛盾、焦慮、社會疏離，甚至憤世嫉俗的偏差行為。但臺灣地區的民眾仍不願完全放棄傳統的價值、人際來往的行為模式，只是價值觀由社會取向轉變為自我取向、由權威主義轉向平權主義。如此轉變有利於中國朝向更理性、更開明的社會體系發展。臺灣社會所呈現的將是傳統與現代並存、東方與西方文化優點完美結合的新世界，足為整個中國發展參考。它顯示在現代化競賽中，中華民族是能與其他民族並駕齊驅的。

四、環保與經濟發展

　　臺灣經過政府與民間四十多年的努力，經濟由農業轉向工業，貿易由進口轉向出口，從民國四十一到六十八年（1952-1979），平均年增率是百分之九‧一，經濟成長率逐漸高升。工業成長帶來了經濟繁榮，人民的財富漸次累積，臺灣由一個貧窮落後的農業社會，成功轉型為工業社會。

　　我們創造了舉世欣羨的「經濟奇蹟」，也創造了現代化的條件，無論是在都市發展、教育普及、所得提高、資訊普遍、科技發展方面，都有驚人的進步與成就。近年來，人口更有集中於大型都市的趨勢，目前臺灣將近半數的人口，是居住在十萬人次以上的大型都市，生活條件和消費水平大幅提高，人們享受到前所未見的富裕與安康（圖4-5-4）。

圖4-5-4　臺灣光復後食衣住行進步情形

　　四十多年來，臺灣集中力量發展經濟，創造出高科技、工業化的富裕社會，但對過度工業化所帶來的有毒、致病、汙濁和令人不適的環境問題，及尖端科技所產生的危險副產品、有害生產要素、廢棄物、資源回收等問題，卻沒有完整的防範計畫。八〇年代，民眾對環境問題相當敏感，也就是說，民眾對環境問題的惡化有愈來愈深的受害感。有關噪音、空氣汙染、水汙染、垃圾廢棄物處理、自然災害（水災、風災、旱災……）、核能廢料、土壤的流失或破壞（水土保持、濫墾、濫葬、建廟……）、自然資源的耗盡和不足、農藥泛濫、能源供應不足等問題，政府在發展經濟之餘，如何化解日益嚴重和深化的受害感，可說是當前必須嚴重思慮的社會政治課題。

　　1980年代，臺灣很明顯面臨一個內憂外患的重大困境，那就是內有經濟繼續成長、改善物質生活的壓力，同時又有善待環境生態、邁向永續發展的剴切呼籲；對外則是國際市場競爭條件的惡化，勢必要有嶄新的政策，才足以回應未來的挑戰。因此，如何取法外國經驗，加強防治汙染，培訓專業人才，以平衡經濟成長與環境保護，便成為未來國家工業發展的主要政策。

　　政府在民國七十七年（1988）設立中央級的環保署，主管全國環保工作，對環保開始有較具體的政策，民眾對環境保護的前景亦開始寄予厚望。隨著國家六年計畫的擬定推行，政府理當將環境維護列為優先，鼓勵低汙染產業的發展，強調前瞻性計畫的觀念，協助民間環保團體的成立，整合有關資料列入各級學校相關課程內，並建立一套完整的生態管理架構，如此方能達到「重整經濟社會秩序，謀求全面平衡發展」的總目標，並能確保臺灣將邁向永續的發展[23]。

---

23 關於臺灣經濟成長與環境保護的永續發展問題，可參考蕭新煌等《臺灣2000年》（臺北：天下文化，1993）。

五、中國文化的展望

中國文化從新石器時代的農業村落開始，歷經數千年綿延不斷的發展，創造了燦爛輝煌的成績，其所以能夠源遠流長，歷久彌新，乃是由於具有兼容並蓄的態度，在歷史上從來不盲目地排斥外來文化，反而擷取其精華，加以吸收融合，使文化的內涵更為豐富，日新又新。

但是近百年來，中國在列強的侵略下，一度幾乎遭到瓜分的命運，民族地位一落千丈，中國文化也遭遇到空前未有的危機。從清末的各項改革措施，到民初的新文化運動，所有求新求變的作為，一方面是出於民族自救的要求，同時也是在西洋文化無情的衝擊下，為中國文化尋求出路。

回顧近百年來，中國文化在發展的過程中，飽受許多挫折，這是因為對於自己的傳統文化既未能做出冷靜的反省，對於西洋文化也缺乏全盤的深刻認識，因此無法理性地加以分析和採納，以致保守者視西洋文化如洪水猛獸，加以排斥，激進者則主張全盤西化，否定傳統。因此，無論就中國文化縱的繼承和西洋文化橫的移植，都未能做出適當的調和。

展望未來中國文化的發展，既要適合世界文化發展的新潮流，也要兼顧中國舊文化中的優良傳統，採取「有所變、有所不變」的態度，記取歷史的教訓，把握正確的方向。例如，近代西方的科技已成為近代化不可缺少的一環，成為立國的必備條件，但科技可以造福人群，也能為人類帶來災害，吸收西方科技，固然是不可避免的道路，但如能立足在傳統文化的人本精神之上，做到「萬物並育而不相害」的境界，必能發揚中國文化的光輝。

　　其次，西方的民主政治和法治精神，是近代中國學習和模仿的對象，但是在推動民主與法治的過程中，除了建立有關法治、自由、正義等價值觀以外，仍應強調傳統文化中的重要觀點。那就是政治的運作，除了法治、自由、正義等原則之外，當須引導社會步入文化的境界，通過人文禮樂的教化，提升個人與社會的道德水準，以及人性的自我實現，使人人過著有意義、有價值的生活，而不僅止於追求物質的享受而已。

　　在中國文化中，具有永恆價值的是以人為本位的人文精神，從「以仁存心」的態度出發來對待各種事物。在社會中施行禮樂教化，建立人倫秩序；對待異民族，則能本著「四海之內皆兄弟」的平等態度，和「濟弱扶傾」的博愛精神；對待大自然，則有「天地與我並育，萬物同為一體」的恢闊胸襟。這些精神都是幾千年來中國文化的精華，可以「放諸四海而皆準」，不會因時代的變遷而失去其價值。我們要解除當前國際間的紛爭，種族的衝突，回復自然生態的美觀，彌補人類心靈的空虛，則有待於中國文化精神的發揚。

　　展望中國文化的發展，可以說是任重而道遠。

研究與討論

1.試論原住民文化日漸消失之因？

2.說明清領時期的社會組織型態。

3.請問你住家附近是否仍有祭祀公業存在？

4.簡述現代中國民主政治的演進過程。

5.環保工作的內容有哪些要項？它和經濟發展的相關性是什麼？

國家圖書館出版品預行編目資料

中國文化史／王仲孚等著.
--二版.--臺北市：五南，2009.09
面；　公分.
ISBN 978-957-11-5764-1（平裝）
1.文化史　2.中國
630　　　　　　　　　98015076

1W31
中國文化史

作　　　者－	王仲孚(7)　秦照芬　陳文豪　陳惜珍　陳淑芬
發 行 人－	楊榮川
總 編 輯－	王翠華
主　　　編－	陳姿穎
美術編輯－	郭佳慈
出 版 者－	五南圖書出版股份有限公司
地　　　址：	106台北市大安區和平東路二段339號4樓
電　　　話：	(02)2705-5066　傳　　真：(02)2706-6100
網　　　址：	http://www.wunan.com.tw
電子郵件：	wunan@wunan.com.tw
劃撥帳號：	01068953
戶　　　名：	五南圖書出版股份有限公司

台中市駐區辦公室/台中市中區中山路6號
電　　　話：(04)2223-0891　傳　　真：(04)2223-3549
高雄市駐區辦公室/高雄市新興區中山一路290號
電　　　話：(07)2358-702　傳　　真：(07)2350-236

法律顧問　林勝安律師事務所　林勝安律師

出版日期　2009年 9月二版一刷
　　　　　2014年10月二版四刷

定　　　價　新臺幣250元